말씀, 그리고 사색과 결단 1

●
믿음이란 한 알의 밀알이 땅에 떨어져 죽음으로 많은 열매를 맺음과 같이
진리의 열매를 위하여 스스로 죽는 것을 뜻합니다. 눈으로 볼 수는 없으나
영원히 살아 있는 진리와 목숨을 맞바꾸는 자들을 우리는 믿는 이라고 부릅니다.
「믿음의 글들」은 평생, 혹은 가장 귀한 순간에 진리를 위하여 죽거나 죽기를 결단하는
참 믿는 이들의, 참 믿는 이들을 위한, 참 믿음의 글들입니다.

말씀, 그리고 사색과 결단 1

이재철

인생, 사랑, 섬김에 대하여

홍성사

일러두기

_ 이 책은 2019년 7월 2일부터 4일까지 이어진 주님의교회 창립 31주년 기념 전교인 사경회에서
전한 말씀을 옮긴 것이다.
_ '머리말을 대신하여'는 본문에서 편집자가 발췌하였다.

머리말을 대신하여

인생은 갑옷이 아니라 갑옷 솔기입니다. 인생은 모래시계입니다. 인생은 최전성시대에도 지나고 보면 입김에 지나지 않습니다. 하나님께서 태초에 우리에게 불어넣어 주셨던 그 생기, 말씀과 기도로 그 생기를 회복하면서 살아가십시다. 인생은 머묾이 없이 떠나가는 것입니다. 어떤 하루에도 집착하지 마십시오. 오직 가야 할 그 집, 하나님의 나라를 목적 삼고 하루하루 오늘을 뚜벅뚜벅 떠나 그 집을 향해 걸어가십시다. 우리가 세상에서 비록 가진 것 없어도, 세상에서 명성을 누리지 못해도, 우리가 보잘것없는 인간이라 할지라도 주님께서 우리 인생을 사용하셔서 우리 인생 이야기책을 우리가 떠난 뒤에도 누군가에게 이정표가 될 영원한 사도행전 29장으로 엮어 주실 것입니다.

차례

머리말을 대신하여

1. 인생에 대해

갑옷 솔기 같은 인생 12
전제와 같이 부어지고 28
입김, 그 허망함 35
떠나지 않으면 43
회한과 후회 53

2. 사랑에 대해

사랑이라는 오해 61
사랑의 실체 72
눈 맞춤 73
하루는 1,440분 85
원 위에 자식을 세우라 90
중단 없는 자기 투쟁 95
맥북이 준 메시지 103

3. 섬김에 대해

모방력과 창조력 112
언제나 지혜로울까 121
와 보라 130
안드레의 오병이어 139
빛도 나지 않는 봉사 146
안드레가 많은 교회 154

전제와 같이 내가 벌써 부어지고 나의 떠날 시각이 가까웠도다 나는 선한 싸움을 싸우고 나의 달려갈 길을 마치고 믿음을 지켰으니 이제 후로는 나를 위하여 의의 면류관이 예비되었으므로 주 곧 의로우신 재판장이 그 날에 내게 주실 것이며 내게만 아니라 주의 나타나심을 사모하는 모든 자에게도니라(딤후 4:6-8)

①

인생에 대해

이 세상에 태어난 사람들은 누구나 삶이라는 붓으로 인생이라는 이야기책을 날마다 엮어 가고 있습니다. 인생이 무엇입니까? 인생은 인생살이, 즉 살아가는 이야기입니다. 오늘도 우리는 이곳에 오기 전에, 오늘 하루 동안의 삶의 현장에서 인생이라는 이야기책을 엮다가 왔습니다. 그런 의미에서 우리 모두는 작가라고 할 수 있고, 우리의 인생은 모두 이야기책이라고 할 수 있습니다.

어떤 사람의 인생 이야기책은 A4 용지 한 장보다 더 얇을 수 있습니다. 어떤 사람의 인생 이야기책은 백과사전보다 더 두터울 수도 있습니다. 어떤 사람은 지금 자신의 인생을 저급한 삼류 통속 소설로 엮어 가고 있을지도 모릅니다. 어떤 사람은 자기 인생을 이 세상에 악의 씨를 뿌리는 범죄소설로 엮어 가기도 할 것입니다. 어떤 사람은 어떤 상황에서든 이 세상과 많은 사람들에게 유익을 끼치는 양서로 엮어 가고 있을 수도 있습니다. 자서전이든 수기든 아니면 자전적 소설이든 어떤 사람의 인생 이야기는 활자화되어 이 세상에 출판될 수도 있습니다. 그러나 거의 절대 다수 사람들의 인생 이야기책은 활자화되지 않습니다. 그렇다면 활자화되지 않은 인생 이야기책은 그냥 소멸되고 맙니까? 그렇지 않습니다.

요한계시록 20장 12절 말씀을 새번역 성경으로 읽어 드리겠습니다.

—— **나는 또 죽은 사람들이, 큰 자나 작은 자나 할 것 없이, 다 그 보좌 앞에 서 있는 것을 보았습니다. 그리고 책들을 펴놓고, 또 다른 책 하나를 펴놓았는데, 그것은 생명의 책이었습니다. 죽은 사람들은, 그 책에 기록되어 있는 대로, 자기들의 행위대로 심판을 받았습니다**(계 20:12, 새번역).

우리 각자가 삶으로 엮어 가는 인생 이야기책이 우리가 세상을 떠난 뒤에 이 세상에서는 흔적도 없이 소멸될 수 있습니다. 그러나 하나님의 말씀인 성경은 우리 삶의 이야기가 하나님 나라의 책에 낱낱이 기록된다고 말씀하고 계십니다. 그동안 우리는 각자 인생 이야기책을 엮어 왔습니다. 지금이라도 우리 생이 끝나 버린다면 쓰레기처럼 버려질 인생 이야기책입니까, 아니면 우리가 떠난 뒤에도 누군가에게 삶의 이정표로 살아남을 이야기책입니까? 하나님의 진노를 부를 이야기책입니까, 아니면 하나님으로부터 칭찬받을 이야기책입니까?

중요한 사실은 각자가 삶으로 인생 이야기책을 바르게 엮어 가기 위해서는 대전제 조건이 있다는 것입니다. 그 대전제 조건은 인생에 대해 바른 이해를 가진 사람만 인생 이야기책을 바르게 엮어 갈 수 있다는 것입니다. 바꾸어 말씀드리면, 아무리 내가 아침부터 밤까지 열심히 사는 것처럼 스스로 생각해도 궁극적으로 인생이 무엇인지 알지 못하고 살아간다면, 하나님으로부터 인정받을 만한 인생 이야기책을 엮어 갈 수는 없다는 말입니다. 그래서 오늘 성경을 토대로 성경이 우리에게 일깨워 주고 있는 인생, 인생의 의미는 과연 무엇인가 함께 사색하고 숙고해 보고자 합니다.

갑옷 솔기 같은 인생

첫째로 인생은 갑옷 솔기입니다. 갑옷은 적군의 창, 검 혹은 활로부터 자기 자신을 보호하기 위해서 군인이 입는 옷입니다. 모든 군인이 다 똑같은 갑옷을 입는 것은 아닙니다. 계급에 따라서 갑옷이 달라집니다. 계급이 높아질수록 갑옷의 재질과 공법이 더 견고해집니다. 어떤 나라이든 한 나라에서 가장 견고하고 강한 갑옷은 왕이 입는 갑옷입니다. 왕의 갑옷은 그 나라에서 갑옷을 만드는 최고의 장인이 만들어 냅니다. 만들어 내는 것으로 끝나지 않습니다. 왕이 입는 갑옷을 만들어 내는 장인은 갑옷을 다 만든 뒤에 왕이 보는 앞에서 반드시 시연을 해야 합니다. 자기가 갑옷을 입고 창에 찔려 봐야 합니다. 칼을 맞아 봐야 합니다. 화살을 맞아 봐야 합니다. 그때 자신이 만든 갑옷이 창이나 활이나 검에 뚫리면 자기가 죽는 것입니다. 생명을 걸고 만들지 않을 수 없습니다.

그 갑옷에서 '솔기'는 갑옷의 조각과 조각을 잇대어서 철사나 가죽 끈으로 연결한 부분을 말합니다. 갑옷을 금속으로 만들든지 아니면 가죽으로 만들든지 갑옷을 한 덩어리로만 만들 수는 없습니다. 가령 왕의 갑옷을 쇠붙이 한 덩어리로 만들었다면 입지도 벗지도 못합니다. 그러므로 입고 벗기에 편하도록 입고서도 얼마든지 손을 마음대로, 팔을 마음대로 움직일 수 있도록 갑옷은 금속이든 가죽이든 조각조각을 붙여서 만듭니다. 그 조각과 조각을 연결한 부분이 솔기인데, 말하자면 솔기는 견고하기 짝이 없는 갑옷에서 가장 연약한, 취약한 부분입니다. 다시 말해 갑옷의 아킬레스건이 바로 갑옷 솔기입니다.

인생은 한 나라의 가장 강하고 견고한 갑옷이 아닙니다. 인생은 갑옷이 아니라 그 갑옷에서 가장 취약한 부분, 그 갑옷의 아킬레스건인 갑옷 솔기입니다. 이것이 성경이 우리에게 일깨워 주는 것입니다.

북왕국 이스라엘에서 가장 패역한 왕은 아합이었습니다. 아합은 우상을 섬기는 이방 여인 이세벨을 왕비로 맞아들인 뒤에 그 이세벨의 계략에 빠져 버렸습니다. 그녀의 계략을 따라서 선량하기 짝이 없는 나봇이라는 사람을 모함해서 죽이고 그 포도원을 강탈하는 패역무도한 짓을 했습니다. 하나님께서 그 아합왕의 패역함을 못 보시겠습니까? 그 유명한 엘리야 선지자를 하나님께서 아합에게 보내셨습니다. 열왕기상 21장 18절에서 19절입니다.

—— **너는 일어나 내려가서 사마리아에 있는 이스라엘의 아합 왕을 만나라 그가 나봇의 포도원을 차지하러 그리로 내려갔나니 너는 그에게 말하여 이르기를 여호와의 말씀이 네가 죽이고 또 빼앗았느냐고 하셨다 하고 또 그에게 이르기를 여호와의 말씀이 개들이 나봇의 피를 핥은 곳에서 개들이 네 피 곧 네 몸의 피도 핥으리라 하였다 하라**(왕상 21:18-19).

하나님께서 엘리야 선지자를 보내어서 '너 지금 그렇게 패역하게 살지. 계속 그렇게 살면 개들이 네 피를 핥을 거야. 너 인생 비참하게 끝날 거야'라고 경고하셨습니다. 엘리야의 말이 아니라, 엘리야를 통한 하나님의 말씀이었습니다. 아합은 하나님을 믿지 않는 사람이 아닙니다. 하나님을 알고 믿는 사람입니다. 그렇다면 그 패역함에서 돌아서야 되지 않겠습니까? 그런데도 아합은 잠시 재를 뒤집어쓰고 회개하는 척하더니 패역의 길을 그대로 걸어갔습니다. 왜 그럴까요? 자신은 천하무적의 갑옷을 입고 있는 사람이기 때문입니다. 내 인생은 갑옷입니다. 내 인생이 갑옷인데 누가 건드리겠습니까? 하나님인들 건드릴 수 있겠습니까?

그 아합이 유다 남왕국의 여호사밧 왕과 함께 길르앗 라못에서 아람 왕과 전투를 벌이게 되었습니다. 아람 왕이 자기 휘하 서른두 명의 장군들에게 명령을 내렸습니다. '다른 장군이나 다른 오합지졸들을 상대하려 하지 말고, 너희들 서른두 명은 힘을 합쳐서 아합 왕만 공격해라.' 아합이 그 첩보를 전해 들었습니다. 아합 왕은 막상 전투가 벌어지자 서른두 명의 상대방 장수가 자기만 집중 공격한다고 하니까 전차 병거에서 왕의 휘장을 떼었습니다. 그리고 멀리서도 왕임을 알아볼 수 있는 왕의 투구도 벗었습니다. 일반 병사의 투구를 썼습니다. 그리고 전장으로 뛰어 들어 갔습니다.

왕의 투구도 아니고 일반 병사의 투구를 쓰고 자기 전차에서 왕의 휘장을 떼었다고 하는 것은, 적국의 장수도 알아보기 힘들지만 자기가 위급한 일을 당했을 때 자기편 장수도 자기를 알아보기가 어렵다는 말입니다. 그런데도 그렇게 하고 적진으로 뛰어들어 갑니다. 왜입니까? 나는 천하무적의 갑옷을 입고 있다고 생각하기 때문입니다.

열왕기상 22장 34절입니다. 지금 전투가 막 벌어졌습니다.

―― **한 사람이 무심코 활을 당겨 이스라엘 왕의 갑옷 솔기를 맞힌지라**
(왕상 22:34).

"한 사람이." 아람 왕은 분명히 자기 휘하 서른두 명의 장군

들에게 아합 왕만 집중 공격하라는 명령을 내렸는데, 이 한 사람은 그 서른두 명의 장군 중에 한 명이 아닙니다. 그냥 아람 군대의 사병입니다. 계급도 이름도 없습니다.

무명의 사병이 "무심코 활을 당겨". 이 사병이 무심코 활을 당겼습니다. 우리말 성경에 "무심코"라고 번역이 되어 있어서 무슨 의미인지 쉽게 와 닿지 않습니다. 히브리말로는 '톰'(מה)이라고 기록되어 있습니다. '톰'이라고 하는 말은 마구잡이로 당겼다는 것입니다. 요즘도 재래식으로 전투가 벌어지는 나라들이 있지 않습니까? 사정거리 안에서 마주보고 총격전을 벌이게 됩니다. 그 총격전에서 서로 총을 쏘다가 적군 아군 합쳐서 스무 명이 다치거나 죽었다면 우리 생각에 적군과 아군이 사용한 총탄은 적으면 스무 발, 많으면 그 몇 배, 즉 몇십 발 정도밖에 안 될 것 같습니다. 그런데 피아간에 사상자가 스무 명이 나려고 하면, 실제로 전쟁터에서 총탄이 수백 발 소요됩니다. 많게는 수천 발 소요되는 경우도 있습니다. 다치고 죽은 사람은 겨우 스무 명밖에 없는데 왜 그렇겠습니까? 전쟁은 영화가 아닙니다. 영화를 보면 전투에서 주인공들이 눈을 똑바로 뜨고 총을 쏘지만, 실제 전투 현장은 그렇지 않습니다. 서로 겨냥도 하지 못하고, 고개 숙이고 총만 쏘게 됩니다. 마구잡이로 쏜 총에 맞은 사람들이 그날 전투에서 스무 명이라는 것입니다.

옛날 전투도 똑같았습니다. 화살이 비처럼 쏟아져 오는데 누가 그 화살을 똑바로 쳐다보고 활을 당깁니까? 방패 뒤에 숨어서 마구잡이로 당기는 것입니다. 아람의 이름 없는 한 병사가 마구잡이로 화살을 하나 쏘았습니다. 그 화살이 어떻게 되었습니까?

—— **한 사람이 무심코 활을 당겨 이스라엘 왕의 갑옷 솔기를 맞힌지라** (왕상 22:34 상).

이름 없는 군인이 마구잡이로 화살을 쏘았습니다. 이 화살이 아합 왕의 갑옷에 맞았으면 아합 왕은 죽지 않았습니다. 그런데 그 화살이 어디에 명중했습니까? 솔기에 명중했습니다. 갑옷과 갑옷 사이를 이은 부분에 맞았습니다. 가장 취약한 부분에 화살이 명중해서 들어간 것입니다. 그 솔기를 뚫고 화살이 아합의 가슴팍에 꽂혔습니다. 세계에서 제일 가는 명사수가 멀리 갑옷을 입은 사람의 솔기를 겨냥해서 맞히려고 하면 맞힐 수 있겠습니까? 그런데 천하무적의 왕의 갑옷을 입었음에도 날아오는 화살이 아합의 갑옷 솔기에 맞았고, 가슴팍에 화살을 맞게 되었습니다.

—— **왕이 그 병거 모는 자에게 이르되 내가 부상하였으니 네 손을 돌려 내가 전쟁터에서 나가게 하라 하였으나** (왕상 22:34 하).

35절입니다.

―― 이 날에 전쟁이 맹렬하였으므로 왕이 병거 가운데에 붙들려 서서 아람 사람을 막다가 저녁에 이르러 죽었는데 상처의 피가 흘러 병거 바닥에 고였더라(왕상 22:35).

37절에서 38절입니다.

―― 왕이 이미 죽으매 그의 시체를 메어 사마리아에 이르러 왕을 사마리아에 장사하니라 그 병거를 사마리아 못에서 씻으매 개들이 그의 피를 핥았으니 여호와께서 하신 말씀과 같이 되었더라 거기는 창기들이 목욕하는 곳이었더라(왕상 22:37-38).

화살을 맞는 순간에 아합은 자기가 죽었다는 것을 절감했습니다. 그래서 자기 곁에 있는 병사에게 빨리 나를 피신시키라고 했지만, 너무 적진 깊숙이 들어가서 피신시킬 수 없었습니다. 죽었습니다. 장사를 치렀습니다. 그런데 그의 피가, 그가 타고 있던 전차가 흥건히 젖을 정도로 흘러 있었습니다. 개들이 그 피를 핥았습니다.

아합이 만약 자기 인생이 갑옷 솔기라는 사실을 알았다면, 약하디약한 갑옷 솔기인 줄을 알았더라면, 하나님께서 엘리야를 보내어서 당신의 말씀을 주실 때 하나님을 향해 180도 돌아섰을 것입니다. 그러나 그는 자기가 갑옷이라고 생각했습니다. 그는 갑옷이 아니었습니다. 아람의 이름도 없는 군인 한 사람이 마구잡이로 쏜 화살이 갑옷 솔기에 맞아서 그날로 세상을 끝내고 말았습니다.

예수님께서 이 땅에 계실 때입니다. 한 사람이 예수님을 찾아와서 청탁을 넣었습니다. 자기 형제와 재산 싸움이 붙었는데, 아버지 유산을 잘 나누도록 자기 형제에게 압력을 좀 넣어 달라는 것이었습니다. 예수님께서 형제 재산 싸움이나 해결해 주시려고 이 땅에 오셨겠습니까? 예수님께서 이렇게 말씀하셨습니다. 누가복음 12장 14절입니다.

── **이르시되 이 사람아 누가 나를 너희의 재판장이나 물건 나누는 자로 세웠느냐 하시고**(눅 12:14).

'이보게, 내가 너희 재산 싸움하는 데 재판장 하려고 왔는지 아느냐. 내가 고작 너희들 돈 나누는 일에 개입하려고 왔는지 아느냐.' 그러시면서 그 자리에 모여 있는 모든 사람들에게 이렇게 말씀하셨습니다. 누가복음 12장 15절입니다.

── **그들에게 이르시되 삼가 모든 탐심을 물리치라 사람의 생명이 그**

소유의 넉넉한 데 있지 아니하니라 하시고(눅 12:15).

　사람들을 향해서 '모든 탐심을 물리쳐라'라고 하셨습니다. 형제가 재산을 놓고 싸우는 것이 탐심에서 비롯되기 때문입니다. 그러면서 예수님께서 말씀하셨습니다. '사람의 생명이 그 소유의 넉넉한 데 있지 않다.' '넉넉하다'는 우리말은 참 좋은 말입니다. 아주 따뜻한 말입니다. 넉넉하다고 하면 여유가 있다는 말 아닙니까? 넉넉한 마음, 넉넉한 사고, 넉넉한 삶에서 모든 나눔이 나오지 않습니까? 이 말은 굉장히 좋은 단어인데 예수님께서 사용하신 단어는 이렇게 따뜻한 의미가 아닙니다.
　우리말 성경으로 "사람의 생명이 그 소유의 넉넉한 데"에서 '넉넉하다'는 의미로 번역된 헬라어 동사 '페리슈오'(περισσεύω)는 '넉넉하다'는 의미가 아니라, 과잉으로 철철철 흘러넘치는 상태를 의미합니다. 예수님께서 이렇게 말씀하신 것입니다. '소유가 과잉으로 철철철 흘러넘친다고 인간의 생명이 강해지는 것은 아니다.'
　한 30~40년 전만 해도 부모의 유산을 놓고 형제들이 싸우면 행여 남이 알까 쉬쉬하면서 싸웠습니다. 요즘 어떻습니까? 공개적으로 싸웁니다. 형 친구들은 형 편들고, 동생 친구들은 동생을 위해서 기도해 줍니다. 그런데 예수님의 이 말씀을 잘 놓고 생각해 보십시다. 아버지의 유산을 놓고 철천지원수가 되어서 싸우는 그 사람들이 먹을 것이 없어서 생존 때문에 싸움니까? 아닙니다. 지금 이 콩 한 조각을 서로 나누어 먹어야 하는 생존에 직면한 사람들은 아버지 유산을 놓고 싸우지 않습니다. 그들은 오순도순 살아갑니다. 아버지 유산 놓고 싸우는 사람들은 이미 자기 재산이 있는데 더 과잉으로 철철철 흘러넘치게 하려고 싸웁니다. 왜 그렇게 싸울까요? 재산이 철철철 흘러넘치면 흘러넘치는 만큼, 내 인생은 더 견고한 갑옷이 될 것이라고 착각하는 것입니다. 예수님께서 '인간의 생명이 그 소유의 넉넉함에 있지 않다'라고 말씀하시고, 곧 이어서 그 유명한 어리석은 부자의 비유를 말씀하셨습니다.

누가복음 12장 16절에서 21절입니다.

—— **또 비유로 그들에게 말하여 이르시되 한 부자가 그 밭에 소출이 풍성하매 심중에 생각하여 이르되 내가 곡식 쌓아 둘 곳이 없으니 어찌할까 하고 또 이르되 내가 이렇게 하리라 내 곳간을 헐고 더 크게 짓고 내 모든 곡식과 물건을 거기 쌓아 두리라 또 내가 내 영혼에게 이르되 영혼아 여러 해 쓸 물건을 많이 쌓아 두었으니 평안히 쉬고 먹고 마시고 즐거워하자 하리라 하되 하나님은 이르시되 어리석은 자여 오늘 밤에 네 영혼을 도로 찾으리니 그러면 네 준비한 것이 누구의 것이 되겠느냐 하셨으니 자기를 위하여 재물을 쌓아 두고 하나님께 대하여 부요하지 못한 자가 이와 같으니라** (눅 12:16-21).

이 부자는 수년 동안 풍년이 들어서 많은 소출을 곳간에 산더미처럼 쌓아 두었습니다. 올해 또 풍년입니다. 그것을 흘려 보낼 생각을 하지 않았습니다. 곳간을 더 크게 짓고, 더 많이 쌓아 둘 것을 생각했습니다. '이제 내가 재산을 산더미처럼, 여러 해먹을 것을 산더미처럼 쌓아 두었으니 이제 내 영혼아 즐겁게 먹고 마시자.' 천년만년 살 줄 알았습니다. 자기 곳간에 쌓은 재산이 많기 때문에 자기 인생은 갑옷이라고 생각했습니다. 그런데 하나님께서는 바로 그날 밤에 그의 생명을 데리고 가셨습니다. 그는 갑옷 솔기였습니다. 그가 만약에 자기 인생이 갑옷 솔기인 줄 알았더라면 곳간을 더 크게 짓고 소유를 더 많이 쌓아 두기보다 그것을 흘려 보내는 통로가 되었을 것입니다.

시편 33편 16절입니다.

―― **많은 군대로 구원 얻은 왕이 없으며**(시 33:16 상).

많은 군대가 있다고 하면 그 군대로 왕은 구원을 얻어야 되지 않겠습니까? 그런데 구원받은 왕이 없다는 것입니다. 알렉산더 대왕이 얼마나 위대한 대왕입니까? 발칸 반도 마케도니아에서 시작해서 지중해 세계를 석권하고 페르시아 제국(지금의 이란)을 거쳐서 인도 북부까지 거대한 헬라 제국을 만들었습니다. 그의 군대는 가는 데마다 연전연승 천하무적이었습니다. 당시

세계에서 가장 강력한 군대를 갖고 있었습니다. 그런데 알렉산더는 33세에 죽었습니다. 왜 죽었습니까? 열병으로 죽었습니다. 그 몸에 침투한 열병 바이러스를 그가 그토록 자랑하던 천하무적의 군대가 막아 주지 못했습니다. 그 인생은 갑옷 솔기에 지나지 않았기 때문입니다.

—— **많은 군대로 구원 얻은 왕이 없으며 용사가 힘이 세어도 스스로 구원하지 못하는도다**(시 33:16).

용사가 몸집이 크고 힘이 세면 스스로 구원합니까? 못합니다. 골리앗은 키가 2미터 73.5센티미터입니다. 누가 이기겠습니까? 그런데 자기 자신을 구원하지 못했습니다. 오히려 골리앗이 거인인 만큼 다윗에게는 더 맞히기 좋은 표적이었습니다. 돌멩이 하나에 그 인생이 끝났습니다. 골리앗도 갑옷 솔기였습니다.

여러분, 돈 좀 갖고 계십니까? 권력을 좀 갖고 계십니까? 재물을 산더미만큼 쌓아 두셨습니까? 그러나 잊지 마십시오. 여러분이 세상의 것을 아무리 많이 지니고 있다 해도 여러분의 인생은 갑옷이 아니라 갑옷 솔기에 지나지 않습니다. 이 사실을 깨닫는다면, 경제적이든 육체적이든 어떤 의미에서든 내가 지금 고난을 당하고, 내가 지금 괴로움을 당하고, 내가 지금 아픔을 당하는 문제가 있다면, 그 문제야말로 내가 갑옷이라고 착각하지

않고 겸손하게 갑옷 솔기임을 늘 기억하면서 살게 해주시려는 주님의 은혜임을 알게 됩니다.

바울처럼 위대한 사도가 또 있었습니까? 선천성 하반신 마비자도 일으킬 뿐만 아니라 죽은 자도 살리지 않습니까? 그를 통해 복음이 지중해 세계로 퍼져 나가지 않습니까? 주님께서 그 바울을 얼마나 사랑하셨으면 그렇게 사용하셨겠습니까? 주님께서 그토록 사랑하신다면 바울이 강철 같은 육체와 건강을 지니게 해주셔야 되지 않습니까? 그러나 바울은 죽을 때까지 지병에 시달렸습니다. 자기의 병이 떠나가게 해달라고 주님께 세 번을 간절히 기도했습니다. 그 세 번의 기도가 한 달씩 작정하고 세 번 기도했는지 일주일씩 금식 기도를 세 번 했는지 그건 우리가 알지 못합니다. 그러나 주님 앞에 진액을 짜 가면서 기도했을 것임은 분명히 알 수 있습니다. 그런데 주님께서 안 고쳐 주셨습니다. 바울이 '하나님, 내가 당신을 위해서 이렇게 충성하는데 이 기도도 안 들어주시나요!' 원망하지 않았습니다. 세 번에 걸친 자기의 기도가 응답되지 아니할 때 바울은 도리어 주님께 이렇게 감사하며 기도합니다. 고린도후서 12장 9절에서 10절 말씀을 공동번역으로 읽어 드리겠습니다.

—— **그러나 주님께서는 "너는 이미 내 은총을 충분히 받았다. 내 권능은 약한 자 안에서 완전히 드러난다." 하고 번번이 말씀하셨습니다. 그래서**

나는 그리스도의 권능이 내게 머무르도록 하려고 더없이 기쁜 마음으로 나의 약점을 자랑하려고 합니다. 나는 그리스도를 위해서 약해지는 것을 만족하게 여기며, 모욕과 빈곤과 박해와 곤궁을 달게 받습니다. 그것은 내가 약해졌을 때 오히려 나는 강하기 때문입니다(고후 12:9-10, 공동번역).

바울은 일평생 지병을 지니고 살았기 때문에 단 한 번도 자기가 갑옷이라는 착각을 하지 않았습니다. 자기는 갑옷 솔기에 지나지 않음을 매일매일 고백하고 자기가 갑옷 솔기에 지나지 않기 때문에 겸손하게 주님의 도우심만을 구하면서 살아가는 바울이 될 수 있었습니다. 그때 주님께서 그 바울의 삶 속에서 강하게 역사하셨습니다. 그래서 바울의 이 말은 '내가 가장 약할 때 내가 가장 강하다. 내가 갑옷 솔기임을 알고 주님께만 의지할 때 주님의 강하신 역사가 내 삶 속에서 늘 충만하게 나타났다'라는 의미 아니겠습니까?

제게는 생일이 두 번 있습니다. 하나는 제 부모님의 몸으로부터 태어난 날이 제 생일입니다. 두 번째 생일은 2013년도 4월 29일입니다. 그날이 암 선고를 받은 날입니다. 제가 조직 검사를 하고 나서 병원에 가서 결과를 통보받기 전에, 먼저 전화로 통보를 받았습니다. 전화로 통보를 받고, 통보해 주시는 그분에게 제가 드린 첫 번째 말씀이 '감사합니다'였습니다. 저는 늘 궁금했습니다. 저처럼 허랑방탕하게 술독에 빠져 있던 사람을 주님께서 핀셋으로 집어 불러내시고 주님께서 당신의 도구로 써주셨습니다. 저는 10년 동안 주님의교회에서 여러분과 목회하면서 주님께서 얼마나 아름다운 일들을 많이 행해 주셨는지 알고 있습니다. 제 능력으로 된 것 하나도 없습니다. 전부 주님께서 하신 일입니다. 제 실력 이상으로 주님께서 사용해 주셨습니다. 그래서 제 인생 말년이 되면 주님께서 나를 어떻게 사용하시려나, 저는 늘 궁금한 마음을 갖고 있었습니다. 그런데 그날 병원에서 '암입니다'라고 통보를 받는 순간에 그 질문이 해소된 겁니다.

'아, 주님께서 암 환자로 내 인생을 끝내게 만드시는구나!' 내 인생이 갑옷이 아니라 갑옷 솔기에 지나지 않음을 내가 단 하루도 잊지 않고 살아가게끔 하시기 위해 주님께서는 제 육체 속에 암이라는 길벗을 주셨습니다. 그래서 저는 매일매일 주님의 도우심을 구하면서 살아갈 수밖에 없습니다. 그 두 번째 생일날 2013년 4월 29일부터 오늘이 2,255일째 되는 날입니다. 6년 2개월 4일째 되는 날입니다. 그 매일매일 주님의 은혜가 새롭습니다.

사랑하는 교우 여러분, 지금 어떤 문제 때문에 괴로워하고 계십니까? 문제가 해결될 기미가 보이지 않습니까? 감사하십시오. 그 문제 때문에, 그 아픔 때문에, 그 고통 때문에 여러분은 아합 왕처럼 자기를 갑옷이라고 착각하다가 어이없이 망하지 않고, 사도 바울처럼 일평생토록 갑옷 솔기인 자기 정체성을 깨달고 매일매일 주님의 도우심을 간구함으로, 여러분의 육체는 연약하고 여러분의 상황은 연약하다 할지라도 여러분을 사용하시는 주님의 큰 능력 속에서 그분의 뜻을 이루는 삶을 이 세상 살아 있는 날까지 이루어 가며 살게 될 것입니다.

전제와 같이 부어지고

두 번째로 인생은 전제입니다. 바울이 많은 서신서를 썼는데 참수형을 당해서 죽기 직전에 마지막으로 쓴 서신서가 디모데후서입니다. 디모데후서 4장 6절입니다. 오늘 본문이기도 합니다. 바울이 이렇게 고백합니다.

—— **전제와 같이 내가 벌써 부어지고 나의 떠날 시각이 가까웠도다**(딤후 4:6).

옛날 구약 시대 사람들은 제물을 하나님께 바쳐서 제사를 드렸습니다. 그것이 구약 시대의 예배였습니다. 그 구약 시대의 제사는 드리는 목적에 따라서 다섯 종류의 제사로 분류되었습니다.

- 하나님께 대한 철저한 자기 의탁, 헌신을 목적으로 하는 번제
- 충성 그리고 봉사를 뜻하는 소제
- 감사와 서원 그리고 친교를 위한 화목제
- 죄 사함을 위한 속죄제
- 물질적 범죄에 대한 죄속함을 위한 속건제

이렇게 다섯 가지가 목적별로 분류한 제사입니다. 그런데 그 제사를 하나님께 드릴 때 어떤 방법, 어떤 형태로 드리느냐에 따라서 네 가지 형태로 분류가 되었습니다. 하나님께 바쳐 드리는 제물을 불에 태워서 드리는 것은 불 화(火) 자를 써서 '화제'(火祭)라고 했습니다. 하나님께 바쳐 드리는 제물을 하늘에 들어 올렸다가 제단에 내려놓아서 하나님께 바쳐 드리는 것은 들 거(擧) 자를 사용해서 '거제'(擧祭)라고 했습니다. 하나님께 바쳐 드리는 제물을 들어서 상하, 혹은 좌우로 제물을 흔들어서 바치는 제사는 흔들 요(搖) 자를 써서 '요제'(搖祭)라고 했습니다. 피, 포도주, 기름처럼 액체를 제물로 하나님께 부어 드리는 제사는 부을 전(奠) 자를 써서 '전제'(奠祭)라고 했습니다.

지금 바울은 자기 자신을 전제로 인식하는 겁니다. '액체를 하나님께 부어 드리는 전제와 같이 내가 벌써 부어지고 나의 떠날 시간이 가까워졌도다.' 이것은 바울의 대단한 통찰력입니다. 구약 시대에 전제로 제사를 드리는 것은 피, 기름, 포도주와 같

은 액체로 부어 드립니다. 반드시 피, 기름, 포도주가 아니더라도 액체를 그릇(제기)에 넣어서 부으면 우리 눈으로 볼 수가 있습니다. 액체를 따르면 따르는 만큼 그 그릇 속의 공간이 점점 더 커집니다. 지금 바울은 자기 인생을 전제, 액체를 붓는 전제로 여기고 자기 인생을 눈으로 보는 것입니다. '아, 내 인생을 내가 이만큼 쏟아부었구나. 그릇 안이 텅 비어 있구나! 전제와 같이 내가 벌써 다 부어져서 이제 나는 세상을 하직할 때가 다 되었구나!' 바울은 인생을 전제로 인식한 것입니다.

이것을 요즈음 시계로 표현한다고 하면 바울은 인생을 아날로그나 디지털시계가 아니라 모래시계로 인식했다는 말입니다. 아날로그시계는 초침, 분침, 시침, 세 개의 바늘이 시계판 위를 무한 반복해서 회전합니다. 디지털시계는 0부터 59까지의 숫자가 무한 반복으로 나타납니다. 그래서 디지털시계든 아날로그시계든 그 시계를 보면 오는 시간만 계속 나타납니다. 지나간 시간은 나타나지 않습니다. 아날로그, 디지털시계를 보고는 바울처럼 '내 인생이 전제처럼 다 부어졌네'라는 말이 절대 나오지 않습니다. 아날로그시계와 디지털시계에는 오는 시간만 계속 1초, 1초 나타나기 때문에 마치 내가 천년만년 살 것처럼 착각하게 됩니다.

그런데 모래시계는 형태부터 다릅니다. 모래시계는 삼각형의 유리병이 역방향으로 서로 맞물려 있습니다. 윗 유리병에 모래가 가득 차 있습니다. 한 인간이 태어난 순간입니다. 태어난 순간부터 그 모래시계 위에 있는 모래가 아래로 떨어지기 시작합니다. 모래시계의 특성은 떨어진 시간의 공간이 눈으로 확인된다는 것입니다.

여러분, 저는 제 인생 모래시계가 제 눈에 보입니다. 제 인생 모래시계 윗 유리병은 만 70년 2개월 21일만큼 텅 비어 있습니다. 그 시간은 절대 다시 채워지지 않습니다. 중요한 것은 이것입니다. 세상의 모래시계는 모래가 떨어지면 떨어지는 만큼 빈 공간이 점점 늘어나고 거기 윗부분에 남아 있는 모래도 보이는데, 인생 모래시계는 지나간 시간은 만 70년 2개월 21일만큼 텅 빈 공간이 보이지만 남아 있는 날은 안 보인다는 겁니다.

여러분, 모래시계의 시간이 얼마나 빨리 떨어지는지 아십니까? 모세가 세월이 얼마나 빨리 날아가는지 고백하면서 "신속히 가니 우리가 날아"간다(시 90:10)라고 합니다. 새가 날아가는 속도로 지금 시간이 떨어집니다. 그런데 그 유리병 위에 도대체 하루가 남았는가, 이틀이 남았는가, 사흘이 남았는가 알 수 없습니다. 인생이 아날로그시계나 디지털시계가 아니라 전제와 같이 모래시계라는 사실을 깨닫는 사람만 이미 모래시계 윗부분에서 사라져 버린 시간의 공간을 확인하면서, 그 공간이 크면 큰 만큼 오늘 하루 주어진 이 시간의 절대적인 의미에 감사하지 않을 수 없는 겁니다.

그리스의 극작가 소포클레스가 이런 말을 하지 않았습니까? '그대가 헛되이 보낸 오늘은 어제 죽은 사람이 그토록 살기를 열망했던 내일이다.' 여러분, 오늘 어떻게 사셨습니까? 헛되게 보냈습니까? 어제 죽은 사람이 그렇게 살기를 열망했던 내일입니다. 왜 오늘 헛되게 살았습니까? 모래시계의 윗부분이 안 보이니까 그런 것입니다. 수십 년이 지금 텅 비었는데 또 하루가 주어졌습니다.

여러분, 봄이 되면 온 세상이 소생하지 않습니까? 도시에서는 봄을 온몸으로 경험하기가 쉽지 않은 것 같습니다. 시골에 가서 살다 보니 정말 봄이 되니까 눈이 부십니다. 제가 사는 마을에 90세 되시는 분들도 계시는데 그런 분들이 봄이 되어서 온 세상이 눈부신 초록색으로 옷을 입으면 봄이 온 걸 기뻐합니다.

그런데 봄이 왔다는 건 무엇입니까? 작년 겨울부터 봄까지 몇 달의 모래가 떨어졌다는 말입니다. 자기 모래시계에서 시계가 간 것을 생각 안 합니다. 여러분이 매일 눈에 보이는 것, 보기 아름다운 것에만 현혹되어서 산다면 지금까지 그렇게 살아온 것처럼 지나간 시간을 알지 못하고 지금 흘러내리는 모래 시간을 다 무의미하게 내버려 버릴 수 있습니다. 그러나 모래시계에서 지나간 시간의 텅 빈 공간을 본다면 오늘 떨어지는 이 모래, 이 날이 폭풍이 부는 날이면 어떻습니까? 엄동설한이면 어떻습니까? 살이 에는 영하 20도의 날이면 어떻습니까? 어제 죽은 사람이 그렇게 살기를 열망했던 날이 노력하지 아니한 나에게는 오늘도 주어졌습니다. 그렇다면 살아가면서 인생의 봄만 기뻐할 것이 아니라 겨울에도, 폭설 속에서도, 폭풍 속에서도, 내가 그리스도인으로 주님의 말씀을 따라서 세상과 누구에겐가 기여하면서 살아가게 되지 않겠습니까?

시편 8편은 다윗이 쓴 시입니다. 그중에서 3절, 4절을 새번역으로 읽어 드리겠습니다.

—— **주님께서 손수 만드신 저 큰 하늘과 주님께서 친히 달아 놓으신 저 달과 별들을 내가 봅니다. 사람이 무엇이기에 주님께서 이렇게까지 생각하여 주시며, 사람의 아들이 무엇이기에 주님께서 이렇게까지 돌보아 주십니까?** (시 8:3-4, 새번역).

매일매일 하루하루가 주어진다는 것, 다윗은 그것에 감격해서 '주님께서 어떻게 사람을 이렇게 돌보아 주십니까' 하고 노래했습니다. 제가 앞서 말씀드린 것처럼 제 인생 모래시계는 이미 만 70년 하고도 더 많은 날들이 거의 비워져 있습니다. 앞으로 몇 날이 저에게 있을는지 저는 알지 못합니다. 그런데 아침에 일어나서 눈을 뜨면 또 하루가 제게 주어진 것입니다. 제 평생에 한 번도 맞아 본 적이 없는 새날이 또 하루 주어졌습니다. 그래서 블라인드를 올리고 창밖을 내다볼 때 이 시편 8편은 다윗의 고백이 아니라 인간 이재철의, 70년을 산 이재철의 고백이 되는 것입니다.

'주님께서 손수 만드신 저 큰 하늘과 주님께서 친히 달아 놓으신 저 달과 별들을 내가 봅니다. 재철이가 무엇이기에 주님께서 이렇게까지 생각하여 주시며, 재철이가 무엇이기에 주님께서 이렇게까지 돌보아 주십니까?'

그 모래시계에 또 하루의 모래가 떨어지게 해주신 그 주님의 은혜를 내가 감사한다고 하면, 비록 나이는 들고 병든 육체는 쇠퇴해 간다 할지라도 그래도 뭔가 오늘 또 하루, 내가 발 디디고 있는 이 세상에 내가 살고 있는 내 마을에 기여하는 삶을 살려고 애쓰지 않겠습니까?

매일매일 하루하루가 여러분에게 주어지는데 인생이 모래시계라는 사실을 알지 못하고 매일매일 하루하루를 욕망을 위해서 그냥 허투루 써버린다면 그런 인생이 부러움의 대상이 될 수 있을는지 모르겠습니다. 그저 호의호식하고, 아무것도 안 하고, 하고 싶은 것 다하면서……. 그러나 하나님 보시기에 누구에겐가 기여하지 않고 살아가는 그런 인생은 이 세상에 쓰레기만 배출하는 인생에 지나지 않습니다.

제가 여쭤 보겠습니다. 여러분이 태어나신 이래 오늘 이르기까지 깨끗한 물 얼마나 많이 마시셨습니까? 그 물 다 어디 갔습니까? 소변으로 버리셨습니다. 그동안 맛있는 음식 얼마나 많이 드셨습니까? 어디 다 갔습니까? 화장실에서 다 버렸습니다. 평생에 버린 종이는 얼마나 많습니까? 평생에 버린 옷은 얼마나 많습니까? 버린 구두는 얼마나 많습니까? 버린 가구는 얼마나 많습니까? 인생이 모래시계임을 알지 못하고 오늘 하루 주어진 이 하루가 누군가에게 기여해야 할 절대적인 의미의 날임을 알지 못한다면, 아무리 많은 돈을 갖고 있어도, 주일마다 와서 봉사해도, 태어나서 죽을 때까지 돈이 더 많으면 더 많을수록 더 많은 쓰레기를 세상에 배출하면서 세상을 오염시키다가 인생은 끝납니다. 주님께서 그런 인생을 기뻐하시지 않을 것은 두말할 나위가 없습니다.

입김, 그 허망함

세 번째로, 인생은 입김입니다. 인생이 모래시계라고 했는데 세상의 모래시계를 보면 위에 있는 모래가 다 떨어지고 나면 아래 유리병에 그대로 남아 있습니다. 그래서 인생이 모래시계라고 해도, 인생시계가 다 끝나도 남는 것처럼 여겨집니다. 그러나 인생 모래시계는 그렇지 않습니다. 잘 아시는 전도서 1장 1절에서 2절 말씀입니다.

── **다윗의 아들 예루살렘 왕 전도자의 말씀이라**(전 1:1).

다윗의 아들이니까 솔로몬 아닙니까? 솔로몬이 뭐라고 했습니까?

── **전도자가 이르되 헛되고 헛되며 헛되고 헛되니 모든 것이 헛되도다**(전 1:2).

히브리말은 중요한 사실을 강조할 때 부사가 있는데도 동일한 단어를 두 번 반복해서 사용합니다. 처음에는 굉장히 원시적인 언어처럼 여겨졌습니다. 그런데 히브리말을 배우고 읽으면 읽을수록 '그게 아니야. 이게 훨씬 더 강조하는 거야'라는 것을 알게 됩니다.

가령 '인생은 대단히 헛돼, 인생은 매우 헛돼, 몹시 헛돼'라고 하는 것과 "헛되고 헛되며 헛되고 헛되니 모든 것이 헛되도다" 하는 것, 어느 것이 더 강조가 됩니까? 히브리 사람들이 강조할 때 단어를 두 번 반복하는 것은 제곱입니다. 곱하기입니다. 내가 굉장히 좋으면 '좋다, 좋다', 즉 '좋다 곱하기 좋다'입니다. 그러니까 '헛되다'를 다섯 번 썼다는 것은 헛됨 5제곱입니다. 이것은 말로 표현할 수 없을 정도로, 어떤 부사도 동원할 수 없을 만큼 헛되다는 것입니다.

그런데 여기에서 솔로몬이 헛되다고 한 히브리어 단어는 '헤벨'(הֶבֶל)인데 그 '헤벨'은 '숨'이라는 말도 되고, '입김'이라는 말도 됩니다. '공허함', '헛됨' 이런 뜻도 있지만, 본래는 '숨', '입김'입니다. 제가 '후' 하고 입김을 붑니다. 분명히 열기도 느껴집니다. 유리에 '후' 하면 김이 서리기도 합니다. 그런데 이게 있습니까? 실체가 없습니다. 순식간에 사라집니다. 인생이 그런 입김이라는 것입니다. 다윗이 시편 39편 5절에서 이렇게 고백합니다.

—— **주께서 나의 날을 한 뼘 길이만큼 되게 하시매**(시 39:5 상).

3,000년 전에 다윗은 70년을 살았습니다. 그 당시로서는 엄청나게 장수한 것입니다. 지금 어찌 보면 백 살보다 더 오랜 세상을 살았습니다. 그런데 그 긴 세월을 살고 다윗이 '내 인생은 이만큼 길었어' 이렇게 말하지 않았습니다. "주께서 나의 날을 한 뼘 길이만큼 되게 하시매." 다윗에게 있어서 70년이라는 인생은 한 뼘밖에 안 되더라는 것입니다. 한 뼘이라는 것은 엄지손가락 끝에서부터 중지 끝까지 아닙니까? 그런데 이건 잘못된 번역입니다. 히브리어 성경에는 '테파흐'(טֶפַח)라고 번역되어 있습니다. '테파흐'는 손목 끝에서부터 손가락이 시작하는 부분, 그러니까 손바닥이라는 말입니다. 다윗이 70년을 살고 '내 인생은 손바닥 길이밖에 안 됩니다'라고 한 것입니다. 모래시계가 순식간에

끝난 것입니다.

──── **나의 일생이 주 앞에는 없는 것 같사오니**(시 39:5 중).

영원하신 하나님 앞에서 손바닥 길이 정도밖에 되지 않는 70년이 있는 것이라고 이야기할 수 있겠습니까? 그래서 내가 산 이 기간은 영원하신 하나님 앞에서는 없는 것과 똑같다는 것입니다.

──── **사람은 그가 든든히 서 있는 때에도 진실로 모두가 허사뿐이니이다**(시 39:5 하).

'든든히 서 있다.' 이것은 '나차브'(נִצָּב)인데 전성시대라는 말입니다. 다윗에게도 전성시대가 있었습니다. 그런데 인생을 다 살고 되돌아보니까 자기 인생 전성시대에도 모든 것이 허사뿐이었습니다. 여기에서 '허사'라는 말이 '헤벨'(הֶבֶל)입니다. 되돌아보니까 내 인생의 전성시대라고 했던 그것이 입김에 지나지 않았던 것입니다.

다윗은 시편 62편 9절에서 이렇게 고백합니다. 새번역으로 읽어 드리겠습니다.

―― **신분이 낮은 사람도 입김에 지나지 아니하고**(시 62:9 상, 새번역).

신분이 낮은 사람, 가난한 사람. 그 사람은 인생 입김에 지나지 않는다는 것입니다. 그러면 부자, 좀 힘 있는 사람은 인생이 뭔가 달라야 되지 않겠습니까? 그런데 이렇게 이야기합니다.

―― **신분이 낮은 사람도 입김에 지나지 아니하고, 신분이 높은 사람도 속임수에 지나지 아니하니**(시 62:9 상, 새번역).

'나는 신분이 높기 때문에 입김에 지나지 않는 너보다 내 인생은 훨씬 중해, 훨씬 더 커, 더 무거워'라고 하면 그 사람은 스스로 속는 사람이라는 것입니다. 신분이 낮은 사람도 그 인생은 입김, 신분이 높은 사람도 입김, 가난한 사람도 입김, 부자도 입김이라는 것입니다.

―― **그들을 모두 다 저울에 올려놓아도 입김보다 가벼울 것이다**(시 62:9 하, 새번역).

오늘날 72억 인구가 있습니다. 그 72억 인구한테 어느 날 몇 시, 몇 분, 몇 초에 다 똑같이 하늘을 향해서 '후' 입김을 내뿜으라고 얘기했다고 하십시다. 그래서 내뿜었습니다. 그게 지금 남아 있습니까? 없습니다. 내가 지금 현재형으로 '후' 입김을 불 때 아직도 열기가 느껴지는 내 입김, 굳이 무게를 따지자면 72억 명의 사라진 입김보다 현재형인 내 입김이 더 무겁다 그 말입니다. 72억 명을 모아 놓아 보아도 입김인 인생은 아무것도 아니라는 말입니다. 숨, 입김, 이게 헛된 것, 허망한 것의 상징 아닙니까? 그래서 성경은 또 인생을 이렇게 표현합니다. 시편 102편 3절 공동번역입니다.

—— **나의 세월은 연기처럼 사라지고**(시 102:3 상, 공동번역).

자기 인생이 연기처럼 사라져 버리더라는 것입니다. 제가 사는 시골집 옆집에서 겨울에 딱 저녁 5시가 되면 장작으로 불을 땝니다. 그러면 산 위에서 바람이 내려와서 그 연기가 우리 집 마당으로 들어옵니다. 그 연기가 굉장히 센 것 같습니다. 그런데 그때 잠시뿐입니다. 순식간에 다 사라집니다. 여러분과 내 인생이 실체 없는 연기와 똑같다는 것입니다. 입김과 똑같다는 말인 것입니다. 야고보 사도는 야고보서 4장 13절, 14절에서 이렇게 고백합니다.

—— **들으라 너희 중에 말하기를 오늘이나 내일이나 우리가 어떤 도시에 가서 거기서 일 년을 머물며 장사하여 이익을 보리라 하는 자들아 내**

일 일을 너희가 알지 못하는도다 너희 생명이 무엇이냐 너희는 잠깐 보이다가 없어지는 안개니라(약 4:13-14).

제가 사는 시골집이 해발 560미터입니다. 그래서 안개가 자주 낍니다. 그런데 제가 지금 8개월째 사는데 단 한 번도, 솟아오른 안개가 그 모양 그대로 10분 이상 있는 것을 본 적이 없습니다. 안개는 피어올랐다 하면 그냥 사라지고 다른 모양이 됩니다. 이처럼 인생은 실체 없는 숨, 입김, 연기, 안개처럼 헛되고 헛될 뿐입니다. 그런데 숨, 안개, 연기, 입김과 차이가 나는 부분이 딱 하나 있습니다. 시편 146편 3절에서 4절입니다.

── **귀인들을 의지하지 말며 도울 힘이 없는 인생도 의지하지 말지니 그의 호흡이 끊어지면 흙으로 돌아가서 그 날에 그의 생각이 소멸하리로다**(시 146:3-4).

안개, 입김, 숨, 연기는 실체가 없는데 그냥 그것들은 실체 없이 그냥 사라져 버립니다. 인생은 실체 없는 안개, 연기, 입김, 숨과 똑같은데 인생은 흙으로 소멸되는 과정이 있습니다. 어떻게 흙으로 소멸됩니까? 이사야 14장 11절입니다.

── **네 영화가 스올에 떨어졌음이여 네 비파 소리까지로다 구더기가**

네 아래에 깔림이여 지렁이가 너를 덮었도다(사 14:11).

우리 인생이 안개처럼 입김처럼 소리 없이 실체도 없이 사라지는데 그 사라지는 과정이 어떻습니까? 구더기로 요 삼고, 지렁이를 이불 삼고 그렇게 형체도 없이 사라져 갑니다. 아무리 잘살아도, 아무리 많은 것을 갖고 있어도, 죽고 나서 매장하면 여러분의 시신은 구더기 밥이 되고 지렁이 밥이 되는 것입니다. 이것이 인생입니다. 이 인생의 실체를 바로 아는 사람만 자기 입김을 의지하지 아니하고 영원하신 하나님의 생기로 자기 인생 이야기책을 엮어 가게 되는 것입니다. 창세기 2장 7절입니다.

── **여호와 하나님이 땅의 흙으로 사람을 지으시고 생기를 그 코에 불어넣으시니 사람이 생령이 되니라**(창 2:7).

하나님께서 흙으로 사람을 지으셨습니다. 그리고 그 흙으로 만들어진 사람의 코에 당신의 생기를 '후' 불어 넣어 주셨습니다. '흙 더하기 하나님의 생기'가 '하나님의 생령'이 되었습니다. 그런데 인간이 죄를 짓고 하나님의 생기를 상실해 버렸습니다. 생령에서 하나님의 생기를 빼니까 남는 게 무엇입니까? 흙밖에 안 남습니다. 그래서 천하장사도 그냥 구더기, 지렁이 밥이 되는 것으로 그 인생은 안개처럼 입김처럼 소멸되는 것입니다. 그것을 안다고 하면 우리는 어떻게 해야 되겠습니까? 본래 하나님께서 에덴동산에서 흙의 콧속에 불어 주셨던 그 생기 속에서 살아가야 되는 겁니다.

우리가 왜 기도합니까? 왜 성경공부합니까? 경건훈련이 왜 필요합니까? 우리의 육체가 구더기 밥이 될 때에도 우리를 영원히 살려 주실 그 하나님의 생기를 힘입어 살기 위함이 아니겠습니까? 자기 인생이 입김에 지나지 않음을 깨닫는 사람은 매일매일 하나님의 생기로 자기 인생 이야기책을 엮어 갈 수 있습니다.

떠나지 않으면

마지막으로 인생은 떠남입니다. 인생이 숨, 입김처럼 순식간에 사라져 버리고, 인간의 육체 고깃덩어리가 구더기와 지렁이의 밥이 되는 것으로 인생이 끝나는 것으로 모든 것이 종결되어 버린다면 유물론이 맞습니다. 그러나 우리는 유물론자가 아닙니다. 다윗이 열왕기상 2장 1절에서 2절을 통해 이렇게 아들 솔로몬에게 유언을 남깁니다. 새번역으로 읽어 드리겠습니다.

—— **다윗은 세상을 떠날 날이 가까워서, 아들 솔로몬에게 유언을 하였다. "나는 이제 세상 모든 사람이 가는 길로 간다. 너는 굳세고 장부다워**

야 한다"(왕상 2:1-2, 새번역).

다윗도 자기 인생이 모래시계처럼 시간이 쭉쭉쭉 떨어져 내리는 것, 전제처럼 다 부어지는 것을 알고 있었습니다. 떠날 때가 된 것을 자기가 알았습니다. 그래서 떠날 준비를 하고 살아생전에 아들에게 왕위를 양위해 주었습니다. 그리고 그 아들에게 이야기합니다. '내가 이제 세상 모든 사람들이 가는 길로 가게 되었다.' 흔히 오해하듯이 다윗이 말한 세상 모든 사람이 가는 길이 죽음의 길, 공동묘지의 길을 의미하지는 않습니다. 다윗이 시편 23편 6절에서 이렇게 고백합니다.

―― 내 평생에 선하심과 인자하심이 반드시 나를 따르리니 내가 여호와의 집에 영원히 살리로다(시 23:6).

'하나님의 집에 영원히 살리라.' 다윗은 자기가 영원히 살아야 할 곳은 하나님의 집임을 알고 있었습니다. 이 시편 23편 6절을 새번역은 더 쉽게 이렇게 번역했습니다.

―― 진실로 주님의 선하심과 인자하심이 내가 사는 날 동안 나를 따르리니, 나는 주님의 집으로 돌아가 영원히 그 곳에서 살겠습니다(시 23:6, 새번역).

다윗은 지금 세상을 떠나는데 떠나서 어디로 가야 하는가, 그 방향, 목적지를 알고 있었습니다. 바로 주님의 집으로 돌아가서 영원히 사는 것입니다. 그래서 다윗은 그 주님의 집을 향해 매일 하루하루를 떠났습니다. 그 하루하루 주님의 집을 향해 떠나간 다윗의 인생 이야기가 성경 속에 사무엘상, 사무엘하로 남았습니다. 사무엘상, 사무엘하는 성경 속에 포함되어 있는 하나님의 말씀입니다. 그러나 다윗 한 인간의 입장에서 보자면 그것은 다윗이 하나님을 믿으면서 자기 인생이라는 붓으로 엮어 낸 인생 이야기책입니다. 어떤 이야기책입니까? 가야 할 하나님의 집을 향하여 매일 하루하루를 뚜벅뚜벅 떠나갔던 그 기록의 이야기가 사무엘상, 사무엘하입니다.

여러분, 인생은 떠나가는 겁니다. 우리가 지금 이 자리에 앉아서 오늘을 맞았다고 하는 것은 어제를 떠났기 때문 아닙니까? 만약에 어제를 떠나지 못한 사람이 있다면 둘 중에 하나입니다. 어제 죽은 사람입니다. 어제 죽은 사람은 어제를 떠날 수 없습니다. 두 번째는 어제에 집착하는 사람입니다. 떠나지 못하는 사람입니다. 집착하는 사람은 그것이 익숙한 겁니다. 그게 편한 겁니다. 내가 오늘을 떠나서 내일을 향해 걸어가면 뭔가 불안합니다. 두렵습니다. 그래서 집착하는 겁니다. 집착하면 눈과 귀를 잃는다고 하는 말이 있습니다.

간단하게 설명해서 누군가가 도박에 집착한다고 한번 해보십시다. 그 사람이 도박에 집착하는 한, 아내의 말이 안 들립니다. 귀가 없어집니다. 그 사람이 도박에 집착하는 한, 자기가 가산을 탕진해서 학교도 제대로 못 가는 자식이 눈에 안 보입니다. 눈과 귀를 잃어버립니다. 눈과 귀가 오직 도박에만 꽂혀 있는 것입니다. 눈과 귀만 잃습니까? 그렇게 눈과 귀를 잃으면서 사람도 잃어버리고 내일도 잃어버리고 인생을 몽땅 잃어버립니다. 오늘을 떠나지 않는 사람, 어제에 집착하는 사람, 그 사람에게는 내일이 주어질 수가 없습니다.

믿는다고 하는 것은 나의 익숙함을 벗어던지는 것입니다. 나의 편안함을 내가 스스로 부인하는 것입니다. 그래서 주님 안에서, 미지의 내일을 향해서 내 발을 굳건하게 내딛는 것입니다. 그때 주님에 의해서 광야에 길이 나고 사막에 강이 터지는 것입니다.

혹 여기에 청년들이 계십니까? 젊은 시절은 머물러 있지 않습니다. 젊은 시절은 지나가는 것입니다. 여러분이 지금 청년 시절을 구가하고 있다는 것은 이미 여러분의 인생에서 청년 시절이 끝나 가고 있음을 의미합니다. 그것을 안다면 나는 가만히 있는데 청년 시절이 나한테 왔다가 나를 떠나가도록 피동적으로 앉아 있을 것인가, 그게 아니면 20대를 하루하루 떠나서 30대를 향해서 능동적으로 걸어 들어갈 것인가 선택의 기로에 서게 됩니다. 20대를 떠날 수 있는 사람만 30대를 준비할 수 있습니다.

그 사람만 20대보다 나은 30대를 구가할 수 있고, 그 사람은 30대를 또 떠나면서 40대를 준비할 수 있습니다.

인생은 이처럼 매일매일 떠나는 것입니다. 매일매일 떠나는 것이기 때문에 궁극적으로 가야 할 방향이 중요한 것입니다. 다윗이 뭐라고 그랬습니까? 시편 23편 6절, 새번역입니다.

—— **진실로 주님의 선하심과 인자하심이 내가 사는 날 동안 나를 따르리니, 나는 주님의 집으로 돌아가 영원히 그 곳에서 살겠습니다**(시 23:6, 새번역).

다윗이 매일 돌아가야 할 주님의 집을 향해서 오늘 하루하루를 떠났다고 하지 않았습니까? 바울도 똑같았습니다. 오늘 본문에서 바울이 디모데후서 4장 6절을 통해 이렇게 고백하지 않습니까?

—— **전제와 같이 내가 벌써 부어지고 나의 떠날 시각이 가까웠도다**(딤후 4:6).

자기 인생 모래시계에서 모래가 지금 다 빠졌습니다. 그래서 매일 하루하루를 떠나왔던 그 사람이 이제는 영원히 떠나갈 시점을 알고 있습니다. 그가 매일매일 떠나는 그 방향성이 어디였습니까? 오늘 본문 디모데후서 4장 7절에서 8절입니다.

―― 나는 선한 싸움을 싸우고 나의 달려갈 길을 마치고 믿음을 지켰으니 이제 후로는 나를 위하여 의의 면류관이 예비되었으므로 주 곧 의로우신 재판장이 그 날에 내게 주실 것이며 내게만 아니라 주의 나타나심을 사모하는 모든 자에게도니라(딤후 4:7-8).

바울이 자기의 인생을 전제로 알고 매일매일 부어지는 걸 보면서 매일매일 떠나는데, 어디를 향해 떠나갔습니까? 자기에게 의의 면류관을 씌어 주실 의의 재판장이 계신 그분의 집이었습니다. 하나님 나라였습니다. 그래서 그 하나님 나라를 목적으로 삼고 뒤는 돌아보지 않고 매일 한 발자국 뚜벅뚜벅 걸어간 것입니다.

바울이 나이가 들어서만 하나님 나라를 향해서 떠나간 것이 아닙니다. 바울이 다메섹에 있는 그리스도인들을 소탕해서 예루살렘으로 연행하기 위해서 일행과 함께 다메섹 원정을 나서지 않습니까? 그러다가 그 다메섹 도상에서 마치 핀셋으로 집어내듯 주님께서 불러내시고 집어내셨습니다. 그 순간에 바울이 시력을 상실했습니다. 조금 전까지 보무당당하게 다메섹을 향해서 걸어가던 바울이 겨우 남의 손에 이끌려서야 다메섹으로 들어갔습니다. 그리고 직가(直街)라는 곳의 유다라는 사람의 집에 시력을 상실한 채 머물고 있을 때 주님께서 선지자 아나니아를 보내어서 안수하게 해주시지 않습니까? 아나니아의 안수로 '다시 보게 되었습니다'(행 9:18). '다시 보게 되다'는 헬라어로 '아나블레포'(ἀναβλέπω)입니다. '블레포'(βλέπω)라는 것은 '보다'이고, '아나'(ἀνα)는 '다시'라는 뜻만 있는 것이 아니라 '위로'라는 전치사도 됩니다. 바로 다메섹에서 주님께 사로잡혀서 시력을 상실하고 다메섹에 들어가서 주님께서 시력을 회복시키시는 순간부터 바울은 위를 향해 시선을 고정시켰습니다. 그 나라를 향해서 주님께서 부르시는 대로 한 걸음 한 걸음 매일매일 오늘을 떠나면서 살았습니다. 그 삶의 이야기가 사도행전으로 기록되어 남았습니다. 사도행전 역시 하나님의 말씀입니다. 그러나 바울이라는 한 개인의 입장에서 보자면 주님의 부르심을 받은 이후에 자기 삶이라는 붓으로 인생이라는 이야기책을 엮은 바울의 인생 이야기책이 된 것입니다.

이처럼 여러분께서 인생은 오늘에 집착하는 것이 아니라 내일을 향해 오늘을 과감하게 떠나가는 것임을 알고 매일매일 하나님 나라를 향해 떠나갈 때, 여러분의 세상의 직책, 소유의 과다와 아무 상관없이 여러분을 통한 주님의 섭리가 여러분 인생 이야기책으로 매일매일 엮어져 가게 되는 것입니다. 인생은 갑옷 솔기요, 인생은 모래시계요, 인생은 덧없는 입김이요, 인생은 머묾이 없이 매일매일 떠나가는 것에 지나지 않습니다. 그래서 흔히 인생을 광야 길에 비유하지 않습니까? 광야는 아무도 없습니다. 갑옷 솔기에 지나지 않는 나, 입김에 지나지 않는 나를 이 세상에서 책임져 줄 사람이 없습니다. 그래서 이 세상은 광야입니다. 그러면 이 광야를 살아가는 갑옷 솔기에 지나지 않는 인간은, 천지를 창조하신 하나님만 의지하면서 그분을 길잡이 삼아 한 걸음 한 걸음 걸어가는 것이 마땅하지 않겠습니까?

그런데 인간이 어떻게 살았습니까? 400년 동안 애굽에서 노예살이하던 이스라엘 백성이 출애굽했습니다. 그것은 그들의 능력이나 의지나 실력으로 인함이 아니었습니다. 전적으로 하나님의 은혜로 인함이었습니다. 그렇다고 하면 그들은 하나님의 인도하심만 따라서 나아가야 했습니다. 그들이 시내산 광야 아래에 진을 쳤을 때입니다. 모세가 시내산에 하나님의 계명을 받으러 올라갔는데 40일 동안 내려오지 않습니다. 눈에 보이는 하나님이었던 모세가 눈에 보이지 않자, 그들이 애굽에서 매일 보아오던 황금 송아지를 만들어 놓고 그 황금 송아지를 하나님이라고 경배하지 않았습니까? '바로 이 황금 송아지가 우리를 애굽에서 인도해 내신 엘로힘이다. 하나님이다. 그러므로 내일을 여호와의 절일로 선포하자.' 눈에 보이는 하나님보다 이 황금 송아지라야 우리 인생이 갑옷처럼 견고해질 수 있다는 것입니다. 하나님께서 진노하셨습니다. 그래서 수천 명이 목숨을 잃었습니다. 그 사건 이후에 하나님께서 이렇게 말씀하십니다. 출애굽기 33장

2절에서 4절입니다.

─── 내가 사자를 너보다 앞서 보내어 가나안 사람과 아모리 사람과 헷 사람과 브리스 사람과 히위 사람과 여부스 사람을 쫓아내고 너희를 젖과 꿀이 흐르는 땅에 이르게 하려니와 나는 너희와 함께 올라가지 아니하리니 너희는 목이 곧은 백성인즉 내가 길에서 너희를 진멸할까 염려함이니라 하시니 백성이 이 준엄한 말씀을 듣고 슬퍼하여 한 사람도 자기의 몸을 단장하지 아니하니(출 33:2-4).

하나님께서 수천 명이 죽은 뒤에 말씀하셨습니다. '내가 너희를 가나안 땅에 올라갈 수 있도록 모든 것 다 예비해 뒀으니까, 너희들 올라가라. 내가 올라가는 것 다 책임져 줄게. 그러나 나는 너희들 따라가지 않는다. 왜? 너희들은 황금 송아지를 하나님이라며 맘몬을 섬기는 사람들인데 그 목이 곧은 백성이 또 가다가 길에서 그런 짓을 하면 내가 너희들을 다 진멸해 버릴까 두려우니 난 올라가지 않겠다. 너희들끼리 가라.'

주님께서 그처럼 선포하시고 나니까 그제야 백성이 "이 준엄한 말씀을 듣고 슬퍼하여 한 사람도 자기의 몸을 단장하지 아니" 합니다. 그제야 비로소 자기의 몸을 단장하지 않았습니다. 무슨 말입니까? 출애굽한 이후에 이 전날까지는 매일 단장하는 것이 하루 일과 중에 제일 큰 일이었습니다. 여러분, 한번 생각을 해

보십시다. 그 3,400년 전에 그 광야에 무슨 화장품이 제대로 된 게 있었겠습니까? 무슨 패물이 제대로 된 게 있었겠습니까? 그런데 그들은 그 광야에서 지혜를 다해서 썩어 문드러질 고깃덩어리 단장하는 데 여념이 없었습니다.

3,400년이 지난 오늘날 화장품 품질이 참 좋습니다. 얼마나 많이 개발되어 있습니까? 그러나 하나님 보시기에 어떻겠습니까? 3,400년 전에 광야에서 화장하고 자기 몸단장한다고 여념이 없던 그 이스라엘 백성이나 우리나 차이가 있겠습니까? 아무리 단장해 봐야 몇십 년 지나면 구더기와 지렁이 밥이 되는 고깃덩어리에 불과한데, 그들이 하나님의 말씀을 좇지 않고 자기 육체를 우상으로 삼아서 매일매일 단장하는 일을 최우선으로 삼았을 때 그들이 어떻게 되었습니까? 고린도전서 10장 5절, 공동번역입니다.

—— **그러나 하느님께서는 그들의 대부분을 못마땅하게 생각하셨습니다. 그리하여 그들은 죽어서 그 시체가 여기저기에 흩어지게 되었습니다**

(고전 10:5, 공동번역).

여러분, 바울이 이 구절을 쓰면서 '매일매일 자기를 단장하던 그들은 광야에서 다 죽었습니다'라고 간단하게 쓸 수도 있었습니다. 그런데 바울은 "그들은 죽어서 그 시체가 여기저기에 흩어지게 되었습니다"라고 썼습니다. 고깃덩어리를 단장하는 인생의 삶이 얼마나 덧없이 끝나는지를 바울은 이렇게 묘사한 것입니다. 우리가 인생이라는 이야기책을 써 나가면서 하나님 없이 우리 고깃덩어리만을 위한 인생 이야기책을 써 나간다고 하면, 결국 우리의 인생 종결이 이들과 무슨 차이가 있을 수 있겠습니까?

회한과 후회

이제 한 가지 이야기를 드리고 끝내겠습니다. 2018년 성탄절 전날이었습니다. 그러니까 12월 24일입니다. 집에서 점심식사를 하면서 텔레비전을 통해서 유명한 앙드레 류 악단의 런던 공연을 보게 되었습니다. 아마 그날 런던 공연은 특별 경로 우대 공연이었던 것 같습니다. 큰 극장에서 앙드레 류 악단이 공연을 하는데, 관객 대부분이 연세 드신 분들이었습니다. 1부는 아주 경쾌한 크리스마스 캐럴들이었습니다. 그러니까 온 극장 안이 그냥 축제의 장이었습니다. 2부가 시작되었습니다. 성가가 흘러나오기 시작했습니다. 헨델의 〈할렐루야〉, 〈호산나〉, 〈예루살렘〉, 〈어메이징 그레이스〉 같은 성가가 한 곡 한 곡 흘러나옵니다. 그 자리에서 조금 전까지 그렇게 흥겹게 박수 치고 어깨춤을 추던 그 나이 든 노인들이 성가를 들으면서 다 눈물을 주룩주룩 흘립니다.

여러분, 오늘을 사는 젊은이들에게 음악은 감상의 대상, 즐김의 대상입니다. 그런데 나이가 든 사람에게는 자신이 젊은 시절에 들었던 노래는 단순한 음악이 아닙니다. 나이가 든 사람에게 옛날에 듣던 음악은 자기 인생에 대한 회한이요 후회요, 자기 인생에 대한 반추요 추억이요, 여러 가지 메시지로 전해 옵니다.

몇 해 전에 영국 성공회가 영국 요크에서 총회를 열었는데, 그 총회에서 가장 시급하게 결의된 안건이 무엇인지 아십니까? '어떤 방법을 동원해서든지 교인을 증가시키는 것을 급선무로 한다.' 지금 영국 성공회 교인들 평균 나이가 60세가 넘었습니다. 물리적으로 가만히 두면 20년 후에는 성공회가 없어집니다. 영국에서 교인이 없어지는 것입니다. 그러니까 20년 후에도 영국 성공회가 존재하게끔 하기 위해서 '무슨 방법을 쓰든지 교인을 확충시키자', 그것이 제1 결의 사항이었습니다. 적어도 영국인이라고 하면, 거기에 앉아 있는 백발의 70~80 노인들이라고 하면, 50년 전에, 60년 전에 다 영국 성공회 교인들 아니었겠습니까? 그런데 오늘날 영국 성공회 교회가 텅텅 비어 있다면 그들이 교회를 떠난 것입니다. 그들이 성가를 들으면서, 그들이 떠났던 교회를 생각하면서, 그들이 버렸던 하나님을 생각하면서 눈물을 흘리는 것입니다. 가슴이 찡했습니다. 우리 인생은 모래시계인데 우리 모래시계에 모래가 얼마 남아 있는지 모릅니다. 그런데 우리가 인생을 다 산 뒤에 그렇게 가슴을 치고 후회하고 내 인생에 대해서 회한의 눈물을 지으면서 내 인생을 끝내서야 되겠습니까?

사랑하는 교우 여러분. 인생은 갑옷이 아니라 갑옷 솔기입니다. 지금부터 겸손하게 주님의 도우심을 구하면서 매일매일 살아가십시다. 인생은 모래시계입니다. 오늘 하루, 주어진 이 하루의 절대적인 의미를 감사하면서 이 하루를 내 욕심을 위해서가 아니라 이 세상과 누군가에게 기여하는 생명의 삶을 살아가십시다. 인생은 최전성시대에도 지나고 보면 입김에 지나지 않습니다. 하나님께서 태초에 우리에게 불어 넣어 주셨던 그 생기, 말씀과 기도로 그 생기를 회복하면서 살아가십시다. 인생은 머묾이 없이 떠나가는 것입니다. 어떤 하루에도 집착하지 마십시다. 오직 가야 할 그 집, 하나님의 나라를 목적 삼고 하루하루 오늘을 뚜벅뚜벅 떠나 그 집을 향해 걸어가십시다. 우리가 세상에서 비록 가진 것 없어도, 세상에서 명성을 누리지 못해도, 우리가 보잘것없는 인간이라 할지라도, 주님께서 우리 인생을 사용하셔서 우리 인생 이야기책을 우리가 떠난 뒤에도 누군가에게 이정표가 될 영원한 사도행전 29장으로 엮어 주실 것입니다. 기도하시겠습니다.

하나님 아버지, 생각 없이 살았습니다.

매일 열심히 살았는데, 많은 것을 소유하고 과잉되어 철철 흘러 넘치듯이 소유하려 하며 살았는데, 정작 인생이 무엇인지, 그 목적이 어디에 있는지 알지 못하고 살아왔습니다.

이제 오늘도 우리에게 또 하루의 생명을 허락하시고 하나님의 말씀이 일깨워 주는 인생이 무엇인지 우리로 하여금 알게 해주시니 진심으로 감사합니다.

이 인생을 바르게 알고, 우리의 삶으로 주님 안에서 우리 인생 이야기책을 날마다 바르게 엮어 가게 도와주시옵소서.

그리하여 세상에서는 비록 우리가 무명하다 할지라도 우리 인생을 주관해 주시는 주님 때문에 우리가 엮어 가는 우리 인생의 이야기책이 우리가 이 세상을 떠난 뒤에도 많은 사람들에게 생명의 빛을 전해 주는 사도행전 29장으로 승화되게 하여 주시옵소서.

예수님의 이름으로 기도드립니다. 아멘.

새 계명을 너희에게 주노니 서로 사랑하라 내가 너희를 사랑한 것 같이 너희도 서로 사랑하라 너희가 서로 사랑하면 이로써 모든 사람이 너희가 내 제자인 줄 알리라 (요 13:34-35)

2

사랑에 대해

어제 수서역에 도착하자마자 김화수 목사님 차를 타고 곧바로 교회로 왔습니다. 자동차가 잠실야구장 맞은편 골목으로 들어왔습니다. 오랜만에 와보니까 어디가 정신여고인지 알 수가 없었습니다. 정문으로 들어서면서 김화수 목사님이 여기가 증신여고라고 했습니다. 그래서 제가 농담을 건넸습니다. 증신여고가 아니고 정신여고라고 교정을 해주었습니다. 집회가 끝난 뒤에 숙소에 들어가서 제 처가 저한테 설교하면서 경상도식 말투로 이야기한 거 아느냐고 해서 함께 박장대소했습니다.

제가 열다섯 살 때 고향 부산을 떠났습니다. 그리고 55년 동안 서울에서 살았습니다. 55년 동안 제 고향 모국어가 얼마나 억압당했겠습니까? 제가 지금 살고 있는 곳이 경상남도입니다. 제 속에 억압당하고 있던 경상도 모국어가 때를 만났습니다. 제가 살고 있는 마을에서 살다 보면 밤낮으로 경상도말뿐입니다. 제가 55년 동안 한 번도 사용해 보지 않았던 단어가 자연스럽게 술술 나옵니다. 저는 어저께 제 말투가 경상도식이었다는 사실 자체도 몰랐습니다. 혹시 오늘도 말씀 전하는 중에 또 제 모국어가 나오더라도 양해해 주시기 바랍니다.

모든 인간은 삶이라는 붓으로 인생이라는 이야기책을 엮어 가고 있다고 했습니다. 인생이라는 이야기책을 바르게 엮어 가기 위해서는 먼저 인생이 무엇인지, 인생에 대한 바른 이해가 선행되어야 한다고 했습니다. 그래서 지난 장에서 인생이 무엇인지 우리 함께 깊이 사색해 보았습니다. 인간이 삶이라는 붓으로 엮어 가야 될 인생 이야기책의 핵심을, 그 이야기책이 추구해야 할 핵심적인 단어를 두 단어로 표현한다면 첫째는 사랑이 될 것이고, 둘째는 섬김이 될 것입니다. 그래서 오늘 밤에는 사랑에 대해 함께 사색해 보고자 합니다.

사랑이라는 오해

이 세상에서 아무리 출세한 사람이라 할지라도, 지금 그 인생이 사랑의 이야기로 엮어지고 있지 않다면 그 사람 인생은 하나님 앞에서 실패한 것입니다. 거꾸로 지금 세상적으로 볼 때는 실패했고 세상적으로 볼 때는 보잘것없는 사람이라 할지라도, 그 사람의 매일매일의 인생이 주님 안에서 사랑의 이야기로 엮어지고 있다면 그 사람은 하나님 앞에서 지금 성공하는 삶을 살고 있는 것입니다. 이건 제 얘기가 아닙니다. 제가 이렇게 단정하는 데에는 까닭이 있습니다. 우리가 믿는 하나님께서 사랑이시기 때문입니다.

요한일서 4장 7절에서 8절입니다.

―― 사랑하는 자들아 우리가 서로 사랑하자 사랑은 하나님께 속한 것이니 사랑하는 자마다 하나님으로부터 나서 하나님을 알고 사랑하지 아니하는 자는 하나님을 알지 못하나니 이는 하나님은 사랑이심이라(요일 4:7-8).

하나님을 믿는 우리가 절대로 흘려 버려서는 안 되는 말씀입니다. 쉽게 주석을 가하자면, 지금 그 인생의 이야기가 사랑의 이야기책으로 엮어지고 있지 않다면 그 사람의 종교적인 열심이 가장 뛰어나다고 할지라도 그 사람은 하나님을 알지 못하는 사람이라고 하나님께서 단정하셨습니다. 왜입니까? 여호와 하나님이 사랑이시기 때문이라는 것입니다.

하나님께서 우리를 대체 얼마나 사랑하셨습니까? 우리를 구원해 주시기 위해서 당신의 독생자를 십자가에 못 박아 죽이시기까지 우리를 사랑하셨습니다. 왜 그렇게 사랑하셨습니까? 우리로 하여금 서로 사랑하게 하심으로 다른 사람을 사랑하고 세상을 사랑하는 당신의 사랑의 통로로 사용하시기 위함입니다. 그렇다면 지금 우리는 어떻습니까? 우리는 우리 인생을 사랑의 이야기로 엮어 가고 있습니까? 제가 두 가지 실례를 들어 보겠습니다.

첫 번째 예입니다. 직장생활을 하는 젊은이가 젊은 나이에 아내를 잃었습니다. 어린아이를 남겨 두고 아내가 세상을 떠난 것입니다. 여러분, 젊은 남자가 어린아이를 키우면서 직장생활을 한다면 얼마나 힘겹겠습니까? 혼자서 아이를 키우면서 아내 없이 살아가는 애환을 담은 내용을 책으로 펴냈습니다.《아내의 빈자리》라는 책입니다. 그 책 내용 중에 제가 일부분을 읽어 드리겠습니다.

아내가 어이없는 사고로 내 곁을 떠난 지 4년. 밥도 할 줄 모르는 남편과 아이를 두고 떠난 아내의 심정이 오죽했을까마는, 나는 나대로 아이에게 엄마 몫까지 해주지 못하는 것이 늘 가슴 아팠다. 언젠가 출장을 떠나기 위해 이른 새벽 아이에게 아침밥도 챙겨 주지 못한 채 서둘러 집을 나선 적이 있었다. 전날 먹다 남은 밥이 조금은 남아 있었기에 계란찜만 얼른 데워 놓고 잠이 덜 깬 아이에게 대충 설명을 한 뒤에 출장지로 내려갔다. 전화로 아이의 아침을 챙기느라 제대로 일도 못했다. 그날 저녁 집에 돌아온 나는 아이와 간단한 인사를 나눈 뒤 피곤한 몸에 저녁밥 걱정은 뒤로한 채, 방으로 들어와 양복을 벗어던지고 침대 위에 몸을 던졌다. 그 순간 퍽 소리를 내며 빨간 양념 국물과 라면 가락이 침대보와 이불에 퍼지는 게 아닌가? 뜨거운 컵라면이 이불 속에 있었던 것이다.

도대체 이 녀석이! 나는 옷걸이를 들고 달려가 장난감을 갖고 놀던 아이의 등과 엉덩이를 마구 때렸다. "왜 아빠를 속상하게 해!

이불은 누가 빨라고 장난을 쳐, 장난을!" 화가 난 나는 때리는 것을 멈추지 않았다. 그때 아들의 울음 섞인 몇 마디가 나의 매 든 손을 멈추게 했다. 아들의 얘기로는 밥솥에 있던 밥은 아침에 먹었고, 점심은 유치원에서 먹었는데, 저녁때가 되어도 아빠가 오시질 않아 싱크대 서랍에 있던 컵라면을 찾아 끓여 먹었다는 것이다. 가스레인지를 만지면 안 된다는 아빠의 말이 생각나서 보일러 온도를 목욕으로 누른 후 데워진 물로 라면을 끓여, 하나는 자기가 먹고 하나는 이불 속에 넣어 두었다는 것이다. 아빠인 내가 먹을 라면이 식지 않게 하려고.

아들은 친구에게 빌린 장난감 때문에 내게 얘기하는 걸 깜빡 잊었다며 잘못했다고 용서를 빌었다. 아들 앞에서 눈물을 보이는 것이 싫어 화장실로 뛰어 들어간 나는 수돗물을 크게 틀어 놓고 펑펑 울었다. 한참 그러다가 정신을 차리고 나와 우는 아이를 달래 약을 발라 주고 잠을 재웠다. 라면 국물에 더러워진 침대보와 이불을 치우고 아이 방을 열어 보니 얼마나 아팠던지 자면서도 흐느끼고 있지 않은가? 녀석의 손에는 엄마의 사진이 있었다. 나는 그저 오랫동안 문에 머리를 박고 서 있었다.

1년 전 아이와 그 일을 당한 후, 아이에게 엄마 몫까지 하느라고 나는 나대로 신경을 많이 썼다. 아이는 이제 일곱 살. 얼마 후면 유치원을 졸업하고 학교에 간다. 다행히 아이는 티 없이 맑게 커 가는 것 같았다. 그런데 얼마 전 아이에게 또 한 차례 매를 들고 말았다. 유치원에서 전화가 왔는데 아이가 유치원에 오지 않았다는 것이다. 너무나 떨리는 마음에 허겁지겁 조퇴를 하고 돌아와 여기저기 찾아보았지만 아이의 모습은 보이지 않았다. 온 동네가 떠나갈 정도로 이름을 부르며 애타게 찾다가 동네 문방구 오락기 앞에서 아이를 만났다. 너무나 화가 나서 나는 아이를 때렸다. 그런데 아이는 한마디의 변명도 하지 않고 잘못했다고만 했다. 나중에 안 사실이지만, 그날은 유치원에서 엄마들을 모시고 재롱잔치를 한 날이었다고 한다. 그 일이 있고 며칠 후 아이는 유치원에서 글을 배웠다며 자기 방에서 꼼짝 않고 글 쓰는 일에 열심이었다. 그 모습을 내려다보며 하늘에서 아내가 미소 짓고 있을 생각을 하니 나는 또 눈물을 참을 수가 없었다.

그렇게 1년 정도의 시간이 흘러 겨울이 되었다. 거리에 크리스마스 캐럴이 흘러나올 때쯤 아이가 또 일을 저질렀다. 회사에서 퇴근하려고 하는데 전화가 왔다. 동네 우체국 직원이었는데 아이가 우체통에 주소도 안 쓴 장난 편지를 100통이나 넣는 바람에 바쁜 연말 업무에 지장이 많다는 것이다. 서둘러 집으로 간 나는 아이를 불러 놓고 다시는 들지 않으려던 매를 또 들었다. 아이는 이번에도 잘못했다는 소리만 했다. 난 아이를 한쪽 구석에 밀쳐놓고 우체국에 가서 편지 뭉치를 받아 왔다. 그 뭉치를 아이 앞에 던지며 도대체 왜 이런 장난을 쳤느냐고 다그쳤다.

그러자 아이는 울먹이는 소리로 대답했다. 엄마에게 편지를 보낸

거라고. 그 말을 듣는 순간 가슴을 저미는 듯한 슬픔이 내 눈시울을 적시었다. 하지만 아이가 바로 앞에 있는 터라 나는 아이에게 애써 눈물을 감추며 다시 물었다. 그럼 왜 이렇게 많은 편지를 한꺼번에 보냈느냐고. 그러자 아이는 우체통의 구멍이 높아 키가 닿지 않았는데, 요즘 다시 서 보니 우체통 입구에 손이 닿기에 여태까지 써 왔던 편지를 한꺼번에 넣은 것이라고 했다. 난 아이에게 무슨 말을 해야 할지 막막했다. 잠시 후에 나는 이렇게 말할 수밖에 없었다. "엄마는 하늘에 계시니까 다음부터는 편지를 태워서 하늘로 올려 보내." 아이가 잠든 후 나는 밖으로 나와 그 편지들을 태우기 시작했다. 아이가 엄마한테 무슨 얘기를 하고 싶었을까 궁금한 마음에 편지 몇 통을 읽었다. 그중 하나가 나의 마음을 또 흔든다.

보고 싶은 엄마에게. 엄마 오늘 유치원에서 재롱잔치를 했어. 근데 난 엄마가 없어서 가지 않았어. 아빠가 엄마 생각날까 봐 아빠한테는 얘기 안 했어. 아빠가 날 찾으려고 막 돌아다녔는데, 난 일부러 아빠 보는 앞에서 재미있게 놀았어. 아빠가 야단쳤는데 나는 끝까지 얘기 안 했어. 엄마, 나는 매일 아빠가 엄마 생각나서 우는 거 본다. 아빠도 나만큼 엄마가 보고 싶은가 봐. 근데 나 엄마 얼굴이 잘 생각 안 나. 내 꿈에 한 번만 엄마 얼굴 보여 줘, 응? 보고 싶은 사람의 사진을 가슴에 품고 자면 그 사람이 꿈에 나타난대. 그래서 나 매일 엄마 사진 안고 자. 근데 엄마 왜 안 나타나? 응?

그 편지를 읽고 나는 또 엉엉 울었다. 도대체 아내의 빈자리는 언제쯤 채워질까?

아내를 잃고 혼자서 아이를 키우는 이 아빠의 그 애환이 잘 나타나 있습니다. 그런데 이 아빠가 쓴 세 가지 에피소드인 라면 사건, 유치원 결석 사건, 그리고 우체통 사건, 이 세 에피소드에는 한 가지 공통점이 있습니다. 아마 이 글을 쓴 아빠도 모를지 모르겠습니다. 저는 이 글 쓴 아빠를 개인적으로 알지 못합니다. 제가 지금 하는 이야기가 이 아빠에게 누가 되지 않기를 바랍니다.

여러분, 이 아빠는 지금 엄마 몫까지 두 배로 아이를 사랑하기 원합니다. 당연하지 않겠습니까? 그런데 이 아빠는 일만 터지면 아이에게 손찌검부터 했습니다. 라면 사건이 터졌을 때 불문곡직하고 옷걸이를 들고 나가서, 자기 표현대로 보면 장난감을 갖고 놀고 있는 아이의 엉덩이와 등을 마구 때렸습니다. 그 아이는 성인이 아닙니다. 어린아이입니다. 때려 놓고 수돗물을 틀고 엉엉 울면서 후회했습니다.

그러다가 또다시 유치원에서 아이가 결석했다는 소식을 듣고 놀란 마음으로 동네를 찾아 헤매다가 문방구 앞에서 오락기를 가지고 노는 아이를 보고 공개된 장소에서 또 손찌검했습니다. 후회했습니다.

우체통 사건이 터졌을 때 또 손찌검했습니다. 여러분, 이 아빠는 지금 아이를 사랑합니다. 생각해 봅시다. 이것이 사랑입니까? 지금 이 아이는 이 글 속에 따르면 일곱 살입니다. 1년이 지났어도 여덟 살밖에 되지 않습니다. 지금 이 어린아이가 나이가 어리기 때문에 아버지가 옷걸이를 가지고 때려도, 공개된 장소에서 손찌검을 당해도 맞고 잘못했다고 빕니다. 이 아이가 몇 년 지나서 10대를 거치면, 그때도 아빠한테 매 맞고 살겠습니까? 천만의 말씀입니다. 억누른 용수철이 튀어나가듯이 아빠 품을 떠나갈 것입니다. 아빠는 자식을 사랑한다고 사랑하는데 결과적으로는 사랑이 아닌 겁니다.

두 번째 예입니다. 젊은 부부가 한국에서 신앙생활하다가 미국으로 이민을 갔습니다. 남편은 고학생 출신입니다. 촉망받는 엘리트였습니다. 부잣집 딸을 가르치기 위해서 가정교사로 있다가 그 부잣집 딸하고 결혼했습니다. 하루아침에 이 고학생의 생활수준이 급상승했습니다. 처갓집에서 사주는 좋은 집에, 자동차를 타고, 장인어른 회사에서, 예전에 비해서 정말 호의호식했습니다. 그런데 그 장인 집에 들어가서 장인의 재산으로 사는 순간부터 아내와 그 패밀리가 이 남자에게 갑이 되어 버렸습니다.

부부 관계가 갑을 관계가 되어 버렸습니다.

부부 싸움을 하면 아내가 친정에 전화를 합니다. 그러면 장인 장모님이 사위를 야단치는 것은 두말할 나위도 없고, 손위 처남이 달려와서 자기 매제, 이 여인의 남편 뺨을 때리면서 우격다짐을 했습니다. 그런 남자가 기를 펴고 살겠습니까? 가정에서 그렇게 주눅 든 사람이 장인 회사에서 좋은 직책에 좋은 직급에 있었지만 사회생활이 괜찮겠습니까? 그래서 두 사람이 미국 이민을 계획했습니다. 여자는 여자대로, 가난한 시부모를 모시는 것도 아니지만 그 가난한 시부모에 대해서 때마다 의무를 다해야 한다는 게 귀찮았던 것입니다.

그래서 태평양을 건너서 미국으로 갔습니다. 그러나 그 남자의 상황은 바뀌지 않았습니다. 미국 가서 처갓집 돈으로 집 사고, 처갓집 돈으로 자동차 사고, 처갓집 돈으로 생활했습니다. 아내와 갑을 관계가 그대로 계속된 것입니다. 그 남자는 오십도 되기 전에 미국 땅에서 죽었습니다. 그로부터 몇 년이 지난 후에 제가 미국에 갔을 때 그 자매가 저를 만나더니 마치 친정 식구를 만난 듯이 제 앞에서 엉엉 울었습니다. 남편이 죽고 나서 남편의 일기장을 본 겁니다. 자기의 갑질이 사랑이 아니었다는 것, 자기가 전도유망했던 한 젊은 남자의 인생을 망쳤을 뿐만 아니라 죽였다는 죄책감에 몸을 떨고 있었습니다.

여러분, 제가 지금 두 가지 예를 말씀드렸는데 이 두 가지 예가 우리 얘기 아닙니까? 우리 가운데에 사랑하지 않고 결혼한 남녀가 있습니까? 다 사랑해서 결혼하지 않았습니까? 그런데 결혼한 뒤에 왜 서로 상처를 주고받습니까? 왜 함께 살아가는 것 자체가 기쁨이 되기보다는 고통인 경우가 더 많습니까? 남편과 아내가 아이를 낳고 나서 이 아이를 위해서라면 내가 세상에서 무엇이든 다 해주겠노라고, 그 아이에게 사랑을 다짐하지 않았습니까? 그런데 우리가 우리 자식을 바르게 사랑하고 있습니까?

앞서 글에 나온 그 아빠처럼 자기 이기심, 자기중심적인 자애심, 편집증, 이런 것을 우리가 사랑이라고 오해하지 않습니까? 그래서 얼마나 많은 자식들이 사랑이라는 미명으로 부모로부터 상처받고 살아갑니까? 여러분들 가운데에서도 지금 다 성인이 되셨지만, 어릴 때, 10대 20대를 지나면서 부모로부터 얼마나 큰 상처를 받았습니까? 여러분이 부모로부터 상처를 받은 만큼, 여러분 자식도 여러분으로부터 상처받으리라는 생각은 왜 못하십니까?

유치원 보모도 그 유치원에 오는 아이들, 원생들을 돌보고 사랑하기 위해서는 라이선스가 있어야 됩니다. 그런데 사랑하는 남녀가 소정의 교육을 받고 라이선스를 따서 결혼했습니까? 우리가 면허를 따서 아이를 낳고 부모가 되었습니까? 따지고 보면 우리는 사랑을 모르지 않습니까? 사랑도 모르면서 사랑한다고 우리는 살아갑니다. 그래서 우리의 이기심으로 서로 상처를 주고받는 것입니다.

우리나라 사람들이 얼마나 사랑에 대해서 무지한지를 잘 나타내 주는 예가 하나 있습니다. 요즘 고속도로를 지나가면서 화장실에 들어가 보십시오. 예전에 없던 화장실이 하나 생겼습니다. '가족 사랑 화장실'입니다. 제가 20여 년 전에 스위스에 있을 때, 그때에 이미 스위스에는 고속도로 공동변소라든지, 수영장 탈의실에 부모가 함께 들어가서 아이들을 돌봐 줄 수 있도록 부부가 공동으로 들어가는 화장실이나 탈의실이 있었습니다. 그 공동 화장실이나 공동 탈의실의 팻말은 한마디면 됩니다. '패밀리.' 그런데 우리는 화장실에다가 '가족 사랑'이라고 합니다. 그걸 영어로 번역하면 오해하기 딱 좋습니다. 얼마나 사랑을 모르면, 부모가 같이 아이 오줌 뉘여 주는 거, 그것을 가족 사랑하는 거라고 화장실 제목을 그렇게 붙여 놓습니다.

올해 주님의교회 표어가 "신앙의 주체는 가정입니다"라고 들었습니다. 신앙의 주체가 가정이라면, 그 신앙의 핵심이 주님의 명령에 따라서 서로 사랑하는 것이어야 한다면, 곧 가정이 사랑의 요람이고 시발점이 되어야 한다는 의미 아니겠습니까? 여러분 각자의 가정은 어떻습니까?

사랑의 실체

오늘 본문은 주님께서 우리에게 주신 새 계명입니다. 계명은 지켜도 좋고 지키지 않아도 좋은, 그냥 말씀이 아닙니다. 계명은 반드시 지켜야 하는 하나님의 명령입니다. 주님께서 이렇게 말씀하셨습니다. 오늘 본문 요한복음 13장 34절에서 35절입니다.

―― **새 계명을 너희에게 주노니 서로 사랑하라 내가 너희를 사랑한 것 같이 너희도 서로 사랑하라 너희가 서로 사랑하면 이로써 모든 사람이 너희가 내 제자인 줄 알리라**(요 13:34-35).

주님께서 우리에게 주신 새로운 계명은 '네가 정말 나를 믿니? 그러면 너희들 서로 사랑해라. 너희들이 서로 사랑하는 것으로써 사람들이 너희가 내 제자인 줄 알 것이다'입니다.

이 주님의 명령에 비춘다면, 아직까지도 사랑이 무엇인지 알지 못한 채 사랑한다면서 서로 상처를 주고받는 부부, 사랑의 이름으로 자식의 가슴에 비수를 꽂는 부모는 아무리 열심히 교회에 다녀도 주님의 제자가 아니라는 말밖에 되지 않습니까? 서로 사랑할 수 없는데, 사랑도 알지 못하는데 '너희들이 서로 사랑해야 되고 사랑해야 내 제자인 줄 세상 사람들이 다 알 것이다' 하십니다. 우리 입장에서 보자면 이렇게 불가능한 명령을 왜 주님께서 내리십니까? 중요한 사실은 주님께서 단지 서로 사랑하라고 명령한 것이 아니라는 겁니다. 오늘 본문을 다시 읽겠습니다.

—— **새 계명을 너희에게 주노니 서로 사랑하라 내가 너희를 사랑한 것 같이 너희도 서로 사랑하라**(요 13:34).

서로 사랑하라고 명령하시면서 그 앞에 '내가 너희를 사랑한 것처럼 너희도 서로 사랑하라'고 명령하십니다. 주님께서 우리를 사랑하신 그 사랑을 본받아, 그 사랑을 힘입어, 그 사랑을 의지해서, 그 사랑의 능력으로 서로 사랑하라는 것입니다. 우리끼리는 불가능합니다. 그러나 우리를 사랑해 주신 그분의 사랑을 힘입으면 서로 사랑할 수 있다는 것입니다. 그렇다면 삼위일체 하나님께서 도대체 우리를 어떻게 사랑해 주셨습니까? 삼위일체 하나님의 사랑을 통해서 우리가 인식할 수 있는 사랑의 실체는 구체적으로 무엇입니까?

눈 맞춤

첫째로 사랑은 상대방의 눈을 들여다보는 것입니다. 사랑은 상대의 눈을 들여다보는 것으로부터 시작합니다. 시편 139편은 다윗의 시입니다. 139편 16절입니다.

—— **내 형질이 이루어지기 전에 주의 눈이 보셨으며 나를 위하여 정한 날이 하루도 되기 전에 주의 책에 다 기록이 되었나이다**(시 139:16).

세상에는 존경받을 만한 직종이 참 많이 있습니다마는 저는 특별히 건축가들을 존경합니다. 어디 황무지에 가보십시오. 우리에게는 아무것도 보이지 않는 황무지입니다. 그런데 건축가는 어떻습니까? 그 황무지 속에서 자기가 지을 집을 봅니다. 그러니까 건축가들은 뛰어난 분들입니다. 하나님께서는 내 형질이 이루어지기도 전에, 진흙으로 나를 빚으시기도 전에 당신의 눈으로 나를 보셨습니다. 사랑하시기 때문입니다. 이 세상에서 나를 제일 먼저 보신 분은 산부인과 의사가 아닙니다. 이 세상에서 나를 가장 먼저 보신 분은 내 형질이 형성되기도 전, 하나님이십니다. 내 눈을 제일 먼저 들여다보신 분도 하나님이십니다. 나의 날이 하루도 지나가기 전에 나의 눈을 들여다보시면서 '이 아이를 통해서 어떤 섭리를 이룰까', 당신의 책에 다 기록하셨다는 것입니다.

시편 139편 17절에서 18절입니다.

―― 하나님이여 주의 생각이 내게 어찌 그리 보배로우신지요 그 수가 어찌 그리 많은지요 내가 세려고 할지라도 그 수가 모래보다 많도소이다 내가 깰 때에도 여전히 주와 함께 있나이다(시 139:17-18).

주석을 가하자면 이런 이야기입니다. 하나님께서 나를 위해서 엄청난 계획들을 가지고 계셨는데, 나는 그냥 잡니다. 내가 자다가 눈을 떴습니다. 눈을 뜨니까 하나님께서는 내가 잠자는 동안에도 여전히 나를 쳐다보고 계셨습니다. 그리고 잠이 깬 내 눈을 들여다보시면서 이 아이를 통해서 당신의 어떤 섭리를 이룰까 생각하시는 그 섭리의 수가 모래 수보다 많다는 것입니다. 하나님께서 이처럼 우리의 눈을 들여다보시면서 우리를 사랑하신다는 것입니다.

예수님께서 십자가에 못 박혀 돌아가시기 전에 소위 최후의 만찬 예식을 마가의 다락방이라고 불리는 방에서 가지시지 않았습니까? 그 만찬을 끝내시고 주님께서 겟세마네 동산으로 기도를 하러 가십니다. 이제 십자가 죽음을 놓고 절체절명의 순간에 하나님 앞에 기도드리기 위함이었습니다. 그때 제자들도 함께 따라갑니다.

마태복음 26장 30절을 보면 "그들이 찬미하고 감람 산으로 나아가니라", 이렇게 기록되어 있습니다. "그들이." 삼인칭 복수형입니다. 그래서 적지 않은 사람들이 예수님께서 제자들과 함께 감람산으로 가면서 즐겁게 유월절 축제 노래를 불렀다고 생각합니다. 그건 잘못된 생각입니다. 사복음서는 한 번도 예수님과 제자를 한데 묶어서 그들이라고 표현한 적이 없습니다. 주님이신 예수님을 어떻게 제자들과 한데 묶어서 '그들'이라고 하겠습니까? 사복음서가 예수님과 제자들을 동시에 칭할 필요가 있을 때에는 '예수와 그 제자들', 항상 예수님은 따로 떼어서 표현했습니다.

마태복음 26장 30절에서 "그들이 찬미"했다는 것은 예수님은 포함되지 않고 제자들이 기뻐서 노래를 부르고 가는 겁니다. 예수님은 지금 죽음을 앞두고 절체절명의 기도를 하시기 위해서 가는데, 제자들은 지금 축제의 노래를 부릅니다. 왜입니까? 그들은 그때까지도 날이 밝으면 예수님께서 빌라도 총독을 몰아내시고 집권하신다고 생각했습니다. '날이 밝으면 너는 우의정하고 나는 좌의정하고, 못해도 우리 중에서 다들 장관 해야지' 하는 꿈에 부풀어 있는 것입니다.

예수님께서 그들을 보시면서 이렇게 말씀하셨습니다. '얘들아, 너희들이 오늘 밤에 다 나를 버리고 도망갈 것이다.' 그 얘기를 듣고 베드로가 펄쩍 뛰면서 이렇게 얘기하지 않겠습니까? '주님, 저 사람들 모두 다 버려도 저는 결코, 결코 절대로 주님 버리지 않을 것입니다.' 주님께서 그 베드로에게 이렇게 말씀하셨습니다. '베드로야, 너는 오늘 밤에 닭이 울기 전에 나를 세 번 부인할 것이다.' 베드로가 뭐라고 합니까? '주님, 내가 주님과 함께 죽을지언정 절대로 주님 부인하지 않을 것입니다.' 호언장담했습니다.

그때까지만 해도 베드로는 주님께서 반드시 내일 왕좌에 앉으시리라고 확신하고 있었던 것입니다. 그런데 겟세마네 기도를 끝내신 주님께서 대제사장이 보낸 무리들에게 잡혀 가시지 않습니까? 베드로 생각과 지금 다른 상황이 벌어졌습니다. 그 일이 어떻게 되는지, 그렇게 앞장서 가던 베드로가 혹시 화가 자기에게 미칠까 봐 멀찍이 떨어져서 갑니다.

대제사장 집에 들어갔습니다. 그리고 우리가 잘 아는 상황이 벌어지지 않습니까? 거기에 있는 사람이 '어, 너 예수하고 한패네' 했더니 '아니야' 하고 간단하게 부인했습니다. 두 번째로 '아니야, 너 맞잖아?' 그랬더니 베드로가 맹세하면서 부인했습니다. 유대인의 맹세는 하나님의 이름을 걸고 맹세하는 것입니다. '나 하나님 이름을 걸고 맹세하는데, 나 저 작자 몰라' 한 것입니다. 마지막으로 또 '아니야, 너 맞잖아. 너 말투가 갈릴리 말이잖아' 그랬더니 베드로가 부인하고 맹세하는 것도 모자라서 저주했습니다. '나, 저런 저주받을 작자, 나는 모른다. 하나님의 이름으로 맹세한다!'라고.

여러분, 그 후에 닭이 울고 베드로가 닭 우는 소리를 듣고 나가서 통곡한 거 우리가 알잖습니까? 그런데 여러분, 한번 생각을 해보십시오. 지금 그 순간에 예수님께서 딴 공간에 계시는 것이 아닙니다. 대제사장의 그 좁은 마당에 지금 베드로와 같이 서 있는 것입니다. 그런데 예수님이 무력하게 잡혀가서 따귀를 맞으시고, 모독당하는 것을 보고 자기에게 화가 미칠까 두려워서 보호 본능으로 예수를 지금 부인하고 맹세하고 저주하는 그 순간인데 닭 우는 소리가 들리겠습니까? 누가복음이 그 상황을 정확하게 전해 주고 있습니다. 누가복음 22장 59절에서 60절입니다. 베드로가 세 번째 예수님을 부인하는 장면입니다.

—— 한 시간쯤 있다가 또 한 사람이 장담하여 이르되 이는 갈릴리 사람이니 참으로 그와 함께 있었느니라 베드로가 이르되 이 사람아 나는 네가 하는 말을 알지 못하노라고 아직 말하고 있을 때에 닭이 곧 울더라 (눅 22:59-60).

지금 베드로가 세 번째 부인합니다. 그런데 지금 닭이 웁니다. 여러분, 새벽에 닭이 한 번만 울고 말지 않습니다. 닭은 울면 계속해서 몇 번을 울어 댑니다. 지금 베드로 귀에 이 닭 소리가 안 들리는 겁니다. 61절에서 62절이 이렇게 기록하고 있습니다.

—— 주께서 돌이켜 베드로를 보시니 베드로가 주의 말씀 곧 오늘 닭 울기 전에 네가 세 번 나를 부인하리라 하심이 생각나서 밖에 나가서 심

히 통곡하니라**(눅 22:61-62).

"주께서 돌이켜 베드로를 보시니". 지금 베드로가 주님의 면전에서 부인하고, 맹세하고, 저주한 것입니다. 닭 우는 소리가 들리는데 베드로에게는 그 닭 소리가 안 들립니다. 그 닭 우는 소리가 들릴 때 주님께서 얼굴을 돌려서 베드로를 바라보셨습니다. 베드로는 닭 우는 소리를 듣고 통곡한 것이 아니라 자기를 바라보시는 주님의 눈을 보고 닭 울음소리가 귀에 들리게 되었습니다. 자, 그 장면을 여러분 머릿속에 그려 보십시오. 베드로가 지금 세 번째 저주까지 하면서 부인합니다. 닭 우는 소리가 납니다. 베드로는 그 소리를 지금 전혀 인지하지 못합니다. 그때 예수님께서 고개를 돌려서 베드로를 봅니다.

제가 《내게 있는 것》이라는 책에도 이 장면을 썼습니다마는, 만약에 여러분께서 이런 상황이시라면 베드로를 쳐다보는 눈이 어떤 눈이겠습니까? 여러분, 제가 한 사람을 스카우트해서 3년 동안 먹여 주고 입혀 주고, 제가 가지고 있는 모든 것 다 전수해 줬다고 하십시다. 그런데 결정적인 순간에 그 사람이 공개된 장소에서 저를 부인하고, 맹세하고, 저주까지 했습니다. 만약에 제가 그런 경우를 당했다면 그때 그 사람을 쳐다보는 제 눈에 흰자만 있었을 것입니다.

만약에 베드로를 쳐다보는 예수님의 눈에 흰자만 있었으면

베드로 귀에는 절대로 닭 소리가 들리지 않았을 것입니다. 베드로에게는 할 말이 많았을 것입니다. '내가 배를 버려 두고 그물을 버려 두고 당신을 3년을 쫓아다녔는데, 고작 이렇게 무력하게 잡혀가면서 나 이렇게 만들려고 나를 그동안 데리고 다녔느냐?' 흰 눈이었으면 베드로도 할 말이 많았을 것입니다.

그런데 베드로를 돌아보시는 그 주님의 눈이 호수처럼 여전히 연민과 사랑에 찬 눈초리입니다. 그 눈을 보는 순간에 베드로 귀에 닭 울음소리가 들렸습니다. 그래서 나가서 통곡했습니다. 회개였습니다. 왜입니까? 그 주님의 눈이 사랑의 눈이었고, 그 사랑의 눈을 베드로가 들여다보는 순간에 그 마음속에 상실했던 주님에 대한 사랑이 다시 회복된 것입니다.

사랑은 눈을 서로 들여다보는 것입니다. 욥이 고난 끝에 이렇게 고백하지 않습니까? 욥기 42장 5절입니다.

—— **내가 주께 대하여 귀로 듣기만 하였사오나 이제는 눈으로 주를 뵈옵나이다**(욥 42:5).

욥이 고난을 거친 후에 '내가 이제 주님을 눈으로 봅니다'라며 영적 눈으로 주님과 눈을 맞추고 있습니다. 여러분, 우리가 기도하고 말씀 공부하고 경건을 통해서 결과적으로 해야 될 것은 우리를 보고 계시는 그분과 눈을 맞추는 것입니다. 그때 그분의 사랑 속에서 우리는 그분을 사랑하면서 사랑의 삶을 살아갈 수 있습니다.

사람끼리 사랑하는 것도 똑같습니다. 우리 옛말에 남자와 여자가 서로 사랑할 때 뭐라고 표현합니까? '쟤들 눈이 맞았어' 그럽니다. 정말 좋은 표현입니다. 여러분들 삶에서 복원해야 될 표현입니다. 눈이 맞았다는 이 표현이 사랑을 가장 적절하게 표현합니다. 사랑은 눈을 맞추는 것부터 시작되기 때문입니다.

그래서 외국어에도 이런 표현이 있는가 생각해 봤습니다. 제가 공부한 프랑스어에는 이런 표현이 없습니다. '혹시 영어에는 이런 표현이 있을까?' 그래서 구글 번역기에 제가 '그 남자와 그 여자는 서로 눈이 맞았다' 이렇게 한글을 쳤습니다. 그랬더니 영어가 순식간에 나왔습니다. 'The man and the woman were in the snow.' 그러니까 구글 번역기상으로는 '눈이 맞았다'라는 게 없는 거죠. 제가 영어도 한국어도 능통한 미국 변호사에게 전화해서 물었습니다. '이런 표현이 있습니까?' 본인도 문학적인 표현은 몰라서 문학을 잘 아는 분한테 확인해 준다고 했습니다. 그런데 없습니다. 영어에 'love at the first sight'(첫눈에 반했다), 이런 표현은 있습니다. 그런데 눈이 맞는다는 표현은 없습니다. 여러분, 다들 연애할 때, 결혼하기 전에 어떻게 사랑했습니까? 눈이 맞았잖습니까. 카페에서, 공항에서 서로 눈이 맞았습니다. 그때, 서로 마주 볼 때, 상대방 눈으로 내가 빨려 들어가는 것 같지 않았습니까?

그런데 결혼하고는 눈을 안 봅니다. 이야기할 때 눈을 보는 것 같은데, 이마를 보거나, 볼을 보거나, 가장 근접하면 눈썹이나 미간을 봅니다. 눈을 안 봅니다. 그러니까 같이 살면서 사랑과 무관한 관계가 됩니다. 여러분, 상대방의 눈을 들여다본다고 하는 것은 상대의 심중까지를 꿰뚫어 보면서 말로 발설되지 아니한 상대의 그 속 의중까지를 읽는 것을 의미합니다.

시인이 밤을 새웁니다. 뭘 하려고 합니까? 자기가 표현해 내고 싶은, 세상에서 하나밖에 없는 단어를 찾아내기 위해서 며칠 밤을 새웁니다. 자기 속에 있는 그 감정들. 살아 움직이는 그 감정을 표현할 수 있는 단어는 하나밖에 없기 때문입니다. 그 단어를 찾기 위해서 애쓰는 것입니다. 여러분, 우리는 시인이 아닙니다. 언어의 마술사라고 하는 시인도 자기 마음속에 있는 것을 표현할 수 있는 적절한 단어를 찾기 위해 며칠 밤샘을 하는데 우리가 어떻게 사랑하는 내 아내에게, 남편에게, 자식에게 내 속에 있는 모든 것을 다 말로 표현할 수 있겠습니까? 절대 불가능합니다.

눈을 들여다보면 눈이 말을 합니다. 내 아내가 얼굴은 웃는 것 같지만 그 속에 지금 우수가 서려 있는지, 내 남편이 아무 말 안 하지만 그 눈 속에 지금 무슨 근심이 깃들어 있는지 눈이 말을 합니다. 그래서 매일매일 눈을 맞추어야 합니다. 눈을 들여다

봐야 합니다.

가만히 생각해 보십시오. 아내하고 남편이 이야기할 때, 자식하고 부모하고 이야기 할 때, 눈 쳐다보면서 이야기한 적이 언제입니까? 여러분, 아내 눈동자 색깔을 아십니까? 남편의 눈이 어느 정도의 세상을 담고 있는지 한번 보신 적 있습니까? 없다면 아까 이야기한 첫 번째 실례(實例), 두 번째 실례처럼 우리 가정도 똑같은 것입니다.

그 글 속에 아빠가 하루 종일 출장 가서 피곤한 몸으로 집에 들어와서 침대에 누웠더니 라면이 뒤집어졌습니다. 그냥 옷걸이 들고 가서 때리기부터 했습니다. 그때 이 아빠가 나가서 그 아이의 눈을 한번 들여다봤더라면, 이 아이가 지금 장난질하는 건가, 아빠 골리는 건가, 아니면 '아빠, 나 아빠 라면 끓여 놨다!' 하는 아빠를 위하는 눈인가 알 수 있지 않습니까? 여러분, 오늘 댁에 가시면 사랑해야 될 사람 눈을 보십시오. 앞으로 매일 눈을 보고 이야기하십시오. 눈 속에서는 상대의 과거가 새겨져 있고, 현재가 드러나 있고 미래가 투영됩니다. 그래서 사랑은 눈을 들여다보는 것으로부터 시작합니다.

하루는 1,440분

두 번째로, 사랑은 너무나 당연하게, 시간을 주는 것입니다. 사랑은 나의 존재를 상대방에게 주는 것입니다. 사랑해야 할 상대에게 주는 것입니다. 나의 손발을 주는 것입니다. 그런데 내 존재를 어떻게 줍니까? 내 시간을 주는 것입니다. 내 존재는 나의 시간으로만 표현됩니다. 인생은 모래시계라고 했습니다. 우리 인생 시계에서 모래가 지금도 주르륵 떨어지고 있는데 이 모래를 사랑해야 할 사람에게 주지 않고 내가 누구를 사랑한다고 말할 수 있겠습니까? 내 존재, 내 시간을 주지 않고 '돈을 주는 것으로 내가 그를 사랑한다', 그것은 있을 수 없습니다.

하나님께서 이렇게 말씀하셨습니다. 우리가 잘 아는 구절입니다. 이사야서 49장 15절입니다.

—— **여인이 어찌 그 젖 먹는 자식을 잊겠으며 자기 태에서 난 아들을 긍휼히 여기지 않겠느냐**(사 49:15 상).

막 아이를 낳은 여인에게 '당신 아이를 잊어버릴 때가 있습니까' 물으면 대부분 '없다' 그럽니다. 정말 그렇습니까? 사실이 아닙니다. 엄마 생각에는 매일 아이에게 매여 사는 것 같습니다. 그러나 재미있는 드라마 볼 때는 아이가 안 보입니다. 친구하고 전화하면서 한 시간, 두 시간씩 이야기할 때 아이가 안 보입니다. 아이를 키우는 여자들이 자기 연민에 빠져 있는 때가 있습니다. 자기 연민에 빠져 있는 동안에 아이가 보이지 않습니다. 그런데 하나님께서는 이렇게 말씀하셨습니다.

—— **그들은 혹시 잊을지라도 나는 너를 잊지 아니할 것이라 내가 너를 내 손바닥에 새겼고**(사 49:15 하-16 상).

하나님께서는 우리 각자의 이름을 손바닥에 '쓰시면' 지워지니까 지워지지 않도록 우리의 이름을 손바닥에 '새겨 놓으시고' 우리를 잊지 아니하신다 말씀합니다. 당신의 전 존재를, 당신의 모든 시간을 우리에게 개별적으로 다 주시는 것입니다. 로고스이신 성자 하나님 예수 그리스도께서 육신을 입고 '인카네이션'(incarnation), 이 땅에 오셨습니다. 뭘 주시기 위해서입니까? 당신의 전 존재를 우리에게 주시기 위해, 당신의 시간을 우리에게 송두리째 주시기 위해 오셨습니다. 그 주님께서 부활 승천하시면서 마태복음 마지막 장 마지막 절에 뭐라고 말씀하십니까?

—— **볼지어다 내가 세상 끝날까지 너희와 항상 함께 있으리라**(마 28:20 하).

당신의 영으로 당신의 전 존재를, 당신의 모든 시간을 우리에게 주신다는 것입니다. 오늘 여러분의 이해를 쉽게 해드리기 위해서 제 경험을 이야기하는 걸 양해해 주시기 바랍니다.

아주 예전에 제가 주님의교회를 목회할 때 저희 집에는 아이들 네 명에, 저희 어머니 그리고 어머니께서 3년 동안 누워 계실 때에는 어머니를 도와주시는 분까지 여러 명이 살았습니다. 제 처가 동시에 가장 많은 콜을 받은 것이 아홉 콜을 받았다는 겁니다. 지금 아이가 웁니다. 그 순간에 전화벨이 울립니다. 그 순간에 시어머니가 '야야' 하고 부르십니다. 그 순간에 초인종이 울립니다. 그 순간에 냄비가 끓으면서 넘칩니다. 어디를 가야 합니까? 인간은 한 군데밖에 못 갑니다. 그 상황에서 가장 급하다고 생각되는 한 군데의 부름에 응하면 여덟 군데는 응하지 못하는 겁니다.

그런데 어떻게 하나님께서 우리 개개인과 전부 다 함께하시고 당신의 시간을 우리 개개인에게 주실 수 있습니까? 하나님은 시간과 공간을 초월하는 영이시기 때문입니다. 그래서 당신의 전 존재를, 당신의 전 존재와 시간을 우리 개개인에게 송두리째 주시면서 우리를 사랑해 주십니다. 우리 역시 사랑해야 될 사람에게 우리의 시간을 주는 것으로 사랑은 실천됩니다.

제가 주님의교회를 목회할 때, 제 집이 강북 합정동에 있지 않았습니까? 목회 말년에 강남 YMCA 뒤에 잠깐 집을 얻어서 주

중에 그 집에서 살던 때를 제외하고는 매일 새벽에 강남 YMCA로 와서 새벽기도회를 하면 끝나는 순간부터 그냥 근무를 시작했습니다. 그리고 밤 11시 넘어서 집에 들어가는 날이 태반이었습니다. 제가 집에 들어가면 제일 먼저 하는 일이 있었습니다. 넥타이도 풀기 전에 식탁에 앉아서 제 처의 이야기를 듣는 거였습니다. 제가 밖에 나와서 목회를 한다고 애쓰는 만큼, 제 처는 가정주부로서 아이를 키우고 시어머니 모시고 집안일까지 하지 않습니까? 하루에 있었던 일, 또 남편에게 하고 싶은 말, 그 모든 말이 끝나야 저는 넥타이를 풀고 잠을 잤습니다. 어떤 때는 밤 12시를 넘길 때도 있었습니다. 저는 내일 새벽에 나가야 하는데 그래도 끝까지 들었습니다.

저는 제 아내를 위해서 시간을 주지만, 제 아내는 저를 위해서 자기 시간을 준 것입니다. 그래서 저는 강남이라는 공간에서 목회 사역을 하고 제 처는 강북 합정동이라는 공간에서 주부로 일하지만, 그 밤에 서로 시간을 주고받음으로 각각 다른 공간에서 다른 일을 한 우리 둘이서 한 인생을 공유할 수 있었던 것입니다.

제가 아이가 네 명이 있다 보니까 아이들과 만나서 밥을 먹거나, 이야기하거나, 항상 집단적으로 하게 됩니다. 아이들하고 개별적인 관계를 맺기가 참 어려운 겁니다. 그래서 언제부턴가 제가 시간이 나면 아이들과 한 명씩 돌아가면서 데이트를 했습니다. 명동에 데리고 가서 칼국수도 먹고, 명동 뒷골목에서 산낙지도 먹고, 코스모스 백화점 계단에 앉아서 행인들을 보면서 이야기도 하고, 아이들 어릴 때 다 그렇게 개별적으로 그 아이들을 위해서 시간을 가졌습니다. 아이들이 성장하여 군에 갈 때 아이들에게 이렇게 이야기했습니다. '남의 집 아들한테 진 빚을 당당하게 가서 갚고 와라. 이 나라의 안보는 수없이 많은 집 아들들이 그동안 수고한 덕분에 지켜졌다. 특히 한국전쟁 때 수없이 많은 아들들이 피 흘리면서 죽었다. 그래서 우리나라가 지켜졌다. 이제 너는 우리 집안을 대표해서 그동안 남의 집 아들들에게 진 빚을 가서 갚고 와라.'

우리 집을 대표해서 빚 갚으러 가는데 그냥 보낼 수 없지 않습니까? 그래서 군에 가는 아이들하고는 꼭 제가 어떻게든 시간을 내어서 이틀 정도 함께 여행을 했습니다. 국내여행을 하고 빚 갚으러 보냈습니다. 제가 작년에 칠순이 되어, 가족들이 다 모인 식사 자리에서 아빠에게 무엇이 가장 감사했는지 아이들이 돌아가면서 한 가지씩 얘기를 했습니다. 제일 큰 아이가 자기가 어릴 때 자기를 위해서 개인적으로 시간을 내어서 아빠가 데이트해 주고, 자기가 군에 가기 전에 이틀 동안 시간 내어서 여행해 준 일이 특별히 감사하다고 했습니다. 여러분, 하루는 24시간이고 1,440분입니다. 1,440분 되는 이 긴 시간 중에서 여러분이 사랑해야 될 대상에게 진심으로 몇 분이나 주고 있습니까? 그 시간을 주는 것이 사랑입니다.

원 위에 자식을 세우라

세 번째로, 사랑은 무한신뢰입니다. 내가 믿을 수 없는 상황에서도 내가 믿는 것입니다. 그것이 사랑입니다. 어제도 말씀드렸습니다만, 교회를 짓밟던 사울이라고 하는 사람이 다메섹에 있는 그리스도인들을 체포하기 위해서 대제사장으로부터 공문을 받아서 다메섹으로 향하지 않습니까? 그 다메섹 도상에서 주님께서 핀셋으로 그 사울을 집어내셨습니다. 주님께서 아나니아라는 선지자에게 '너 직가에 있는 유다라는 사람의 집에 가서 사울이라는 사람 안수해서 눈을 뜨게 해줘라' 하고 말씀하십니다. 그러자 아나니아가 주님께 이렇게 말을 합니다.

사도행전 9장 13절에서 14절입니다.

―― 주여 이 사람에 대하여 내가 여러 사람에게 듣사온즉 그가 예루살렘에서 주의 성도에게 적지 않은 해를 끼쳤다 하더니 여기서도 주의 이름을 부르는 모든 사람을 결박할 권한을 대제사장들에게서 받았나이다

(행 9:13-14).

쉽게 풀이하면 어떤 얘기입니까? '주님, 주님께서 그 작자를 모르시는군요. 그 작자는 몹쓸 작자입니다. 교회를 짓밟던 폭도 고 지금 우리를 해치기 위해서 여기 왔습니다. 그 작자는 차라리 시력을 상실한 채로 살아가게 하시는 게 교회를 위해서 더 낫습니다.' 이 말입니다. 예수님께서 사도행전 9장 15절을 통해 이렇게 말씀하십니다.

—— **가라 이 사람은 내 이름을 이방인과 임금들과 이스라엘 자손들에게 전하기 위하여 택한 나의 그릇이라**(행 9:15).

이방인, 임금, 이스라엘 자손, 그러면 세상 사람 다입니다. 지금 바울은 아직 회개하지 않았습니다. 바울이 주님 앞에 무릎 꿇고 '내가 주님 앞으로 돌아갑니다'라고 아직 선포하지 않았습니다. 그런데 주님께서 먼저 바울을 믿고 계십니다. 아나니아는 '저 사람 폭도입니다. 안 됩니다' 그러는데, 예수님께서는 '아니다. 저 사람은 내가 내 이름을 위해서 택한 나의 그릇이다'라고 합니다. 무한신뢰입니다. 그 주님의 무한신뢰 속에서 우리가 아는 바울이 존재할 수 있었던 것입니다.

누가복음에 탕자의 비유가 나오지 않습니까? 그 탕자의 아버지가 돌아간 탕자를 받아 줬는데, 그 탕자의 아버지가 위대하다면 왜 위대한 것입니까? 그 탕자의 아버지가 어떤 부분이 위대합니까? 아버지 재산 절반을 마치 자기 권한처럼 달라고 독촉해서 들고 나가서 허랑방탕해서 다 날렸습니다. 그리고 돼지가 먹는 먹이도 먹을 수가 없어 자기 배가 곯아서 죽을 지경이 되니까 아버지 집에 찾아왔습니다. 그래서 아버지가 받아 줬습니다. 그게 위대합니까? 여러분이면 그렇게 안 하겠습니까? 그 자식이 내 재산 반을 허비하고 아무리 미워도 잘못했다고 돌아오면 내가 품어 주는 거, 그게 아버지 아닙니까? 보통 아버지가 다 할 수 있는 거 아닙니까?

그 탕자의 아버지의 위대함은 딴 데 있습니다. 이 탕자가 나가서 재산 다 허비하지 않았습니까? 돼지 먹이도 먹을 수가 없게 되지 않았습니까? 그래서 이제 자기 집으로 갑니다. 자, 그러면 그 탕자의 모습을 한번 머릿속으로 그려 보십시오. 아버지 재산을 절반 받아서 나갈 때에는 부잣집 아들 풍채를 그대로 지니고 있었습니다. 아버지 재산 다 말아먹고 짐승 먹이도 먹지 못해서 돌아올 때는 피골이 상접한 거지입니다. 옷은 넝마하고 똑같습니다. 아버지는 세월이 흘렀는데도 부잣집 아버지 그대로입니다. 아버지는 외형이 하나도 변하지 않았습니다. 그러면 부잣집 아들로 나갔다가 피골이 상접한 거지로 오는 이 아들이 변함없는 아버지를 알아보는 게 쉽겠습니까, 부잣집 아버지가 부잣집 아들로 나갔다가 거지로 들어오는 아들을 알아보는 게 쉽겠습니까? 전자입니다.

그런데 성경에 뭐라고 기록되어 있습니까? 이 아들이 거지가 되어서 아버지 집으로 오는데 '아버지가 나를 받아 줄까, 아니면 나를 내팽개치고 야단치실까' 하며 지금 가슴이 두근두근하면서 옵니다. 그런데 아직도 거리가 먼데 아버지가 그 아들을 먼저 알아봤습니다. 아들은 아직 아버지를 보고도 못 알아봅니다. 아버지가 그 아들을 알아보고 뛰어가서 아들 목을 잡고 울면서 환영했습니다. 왜입니까? 그 아버지는 매일 기다렸습니다. 그 아버지는 믿고 있는 것입니다. 그 아버지는 이 자식이 재산 반을 달라고 해서 가지고 나갈 때부터 '그래, 네가 내 재산 반을 탕진해도 너는 이 과정을 거쳐서 다시 돌아올 줄로 믿는다' 생각했기에 매일 기다린 것입니다. 그래서 그 아들을 알아보시고 그 아들을 품는 그 사랑에 둘째 아들이 새로워지는 것입니다.

이것이 사랑입니다. 사랑은 믿지 못할 사랑 속에서도 사랑해야 될 대상이기 때문에 내가 믿는 것입니다. 사랑장인 고린도전서 13장 7절이 이렇게 증언합니다.

—— **모든 것을 참으며 모든 것을 믿으며 모든 것을 바라며 모든 것을 견디느니라**(고전 13:7).

사랑은 참고 바라고 견디는데 거기에서 키워드는 '믿는 것'입니다. 내가 믿기 때문에 이 아들이 내 재산의 반을 들고 나갔지만 그 허물을 '스테고'(στέγω), 덮어 줄 수 있는 것입니다. 내가 이 아들을 믿기 때문에 이 아들은 지금 내 재산을 들고 나가서 허랑방탕하게 살 것이 뻔하지만 그 아들이 돌아올 것을 '엘피 죠'(ἐλπίζω), 소망하는 것입니다. 내가 믿기 때문에 이 아들이 거지가 되어서 돌아왔지만, 내가 '휘포메노'(ὑπομένω), 인내하는 것입니다. 그래서 믿어야 합니다.

저는 제 처와 제 누님들, 제 어머니께 참 감사한 점이 있습니다. 제가 모태신앙인으로 태어났음에도 불구하고 그렇게 허랑방탕하게 살아갈 때, 제가 믿음 좋은 교회 집사인 줄 알고 결혼하고 보니까 알코올중독자처럼 살아갈 때, 제 처나 제 어머니나 제 형제 중에 한 사람이라도 '야, 너 싹수가 노랗다!' 그랬으면, 전 정말 어그러졌을는지 모릅니다. 제 처를 비롯해서 제 가족 중에 한 명도 제게 제 미래에 대해서 절망하거나 저를 저주하는 이야기를 한 적이 없습니다. 끝까지 믿었습니다. 믿어 줬습니다. 그 믿음이 오늘 제가 이런 모습으로 서 있을 수 있게 된 원동력이 된 것입니다.

특히 젊은 강남 어머니들께 부탁합니다. 성적으로 자식들 잡지 마십시오. 주위에서 다른 학부모가 하는 이야기 듣지 마십시오. 여러분, 지금은 옛날처럼 사람들을 일직선에 세워 놓고 경쟁시키는 시대가 아닙니다. 일직선에 내 자식을 세우면 내 앞에 누군가는 있습니다. 평생 내 아들로 하여금 내 앞에 있는 누군가에 대해서 박탈감을 느끼고, 열등감을 느끼면서 살게 하는 것이 직선 위에 놓는 것입니다. 정말 지혜로운 그리스도인이라면 내 자식을 360도의 원 위에 세워 둬야 합니다. 일직선이 아니라 내 자식이 가고 싶어 하는 방향으로 가게 해줘야 합니다. 믿어야 합니다.

탕자의 아버지처럼 '저 자식이 저 길을 가더라도, 아무도 안 간 저 길을 가면, 하나님께서 저 아이를 통해서 광야에 길이 나게 하고 사막에 강이 터지게 해주실 것이다' 하는 믿음을 가진 부모가 세상을 새롭게 하는 것입니다. 그러지 않고 일직선상에 세워서 끊임없이 경쟁해서 조금 더 낫고 조금 더 앞으로 나가고 그렇게 해서 살게 되면, 대부분의 경우에 자기를 위해서 인생을 살다가 끝납니다. 아무리 연봉을 많이 받아도 아무리 스펙이 커도, 기여하지 않는 인생은 세상에 오물만 더 버리다가 끝납니다. 믿어야 합니다. 무한신뢰가 사랑입니다.

중단 없는 자기 투쟁

마지막으로 사랑은 중단 없는 자기 투쟁입니다. 마태복음 21장을 보면 예수님의 성전 정화 사건이 기록되어 있습니다. 예수님께서 예루살렘 성전에 들어가셨는데, 성전을 장사꾼들이 장악하고 있습니다. 주님께서 그 장사꾼들을 몰아내시면서, '내 아버지의 집은 만민이 기도하는 집인데 너희들이 강도의 소굴로 만들었다'고 야단치시지 않았습니까? 그것을 성전 정화 사건이라고 하는데, 마태복음 21장의 성전 정화 사건은 예수님께서 십자가에 못 박히시기 닷새 전에 있었습니다. 그러니까 예수님의 공생애 제일 마지막 순간에 있었던 일입니다.

그런데 요한복음 2장을 보면, 똑같은 성전 정화 사건이 또 기록되어 있습니다. 요한복음 2장은 예수님께서 공생애를 막 시작하신 시기입니다. 예수님께서 공생애를 시작하자마자 제일 먼저 하신 일 가운데 하나가 예루살렘 성전에 가서 성전을 정화시키신 것입니다. 그리고 3년 후에 공생애를 마무리하면서 또 오염되어 있는 걸 보시고 성전을 정화시키셨습니다. 예수님의 생애는 성전 정화 사건으로 시작해서 성전 정화 사건으로 끝났다고 해도 과언이 아닙니다. 여러분, 유대인들이 장악하고 있는 그 성전을 예수님께서 혈혈단신으로 들어가셔서 성전을 둘러엎으시고 정화하신다는 건, 목숨을 내어놓는 겁니다. 왜 그렇게 하셨습니까?

그 성전을 장악하고 있는 대제사장 무리들이 예수님께서 사랑해야 할 하나님의 백성들을 실족시키고 있었기 때문입니다. 당신이 사랑해야 할 자들을 실족시키는 그 외부의 도전에 주님께서는 맞서 싸우셨습니다. 그것으로 끝나지 않았습니다. 우리가 잘 알지 않습니까? 예수님께서 십자가에 못 박히시기 전날 겟세마네에서 처절하게 기도하셨습니다. 여러분, 기도하시면서 등허리에 땀이 나는 것을 경험해 보신 적이 있습니까? 예수님께서 얼마나 처절하게 기도하셨으면 땀에 피가 배어났습니다. 예수님의 기도의 핵심은 '하나님, 내가 원하는 것은 이 비참한 죽음을 피하는 것입니다. 그러나 내 원대로 말고 아버지 원대로 하십시오'입니다. 그 피눈물 나는 기도를 통해서 예수님께서 이제 십자가의 죽음을 향해 걸어가십니다. 그 겟세마네의 기도는 예수님 당신 자신과의 투쟁이었습니다. 십자가를 져야 함에도 불구하고 십자가를 지고 싶지 않은 당신 자신과 투쟁하신 것입니다. 그 투쟁에서 예수님께서 이기셨습니다. 그래서 십자가의 제물이 되어 주시고 우리를 구원하셨습니다. 좀 전에도 사랑장을 이야기했는데 고린도전서 13장 6절이 이렇게 정의합니다.

―― **불의를 기뻐하지 아니하며 진리와 함께 기뻐하고**(고전 13:6).

진리로 인해 기뻐한다는 것입니다. 여러분, 여러분의 남편이 정상적으로 한 달에 얼마를 벌 수 있는가 다 아실 겁니다. 그 금액 넘어서 가지고 오면 뭔가 이상한 거 아닙니까? 그런데 그 금액을 좋아라고 받으면 불의를 기뻐하는 겁니다. 그때 남편으로 하여금 '우리 이렇게 살지 마십시다' 하는 것이 진리로 인해 기뻐하는 것입니다. 왜 사랑은 불의를 기뻐하지 않고, 진리로 인해 기뻐합니까? 서두에 말씀드렸듯이 하나님께서 사랑이시기 때문입니다. 하나님께서 사랑이신데 사랑의 속성이 불의일 수가 있겠습니까? 그래서 하나님의 사랑은 언제나 하나님의 정의와 함께 갑니다. 하나님의 사랑과 하나님의 정의는 동전의 양면입니다. 하나님의 사랑의 또 다른 이름은 하나님의 정의이고, 하나님의 정의의 또 다른 모습은 하나님의 사랑입니다.

사랑이 배제된 정의는 폭력이고, 우리 많이 경험했습니다. 정의가 결여된 사랑은 마약입니다. 그건 믿음이 아닙니다. 그래서 하나님의 사랑은 언제나 하나님의 정의를 수반하는 것, 그것이 공의입니다. 여러분, 배워서 아시겠습니다마는 헬라어로 죄를 '하마르티아'(άμαρτία)라고 하지 않습니까? '하마르티아'라고 하는 것은 과녁에서 벗어났다는 걸 의미합니다. 제가 네모로 뻥 뚫려 있는 저것을 과녁으로 삼아서 화살을 당긴다고 합시다. 그런데 시위를 떠난 화살이 저 과녁을 벗어났다고 합시다. 뭐가 잘못됐습니까? 저 과녁이 잘못되었습니까? 아닙니다. 제 겨냥이 잘못됐습니다. 그러므로 저 과녁을 맞히려고 하면 저 과녁 탓을 할 게 아니라 제가 바르게 조준해야 합니다.

하나님과 의로운 관계를 맺는다는 것은 하나님과 바른 관계를 맺는 것이고, 하나님을 우리 삶의 과녁으로 삼고 살아가는 것인데, 이 세상엔 나를, 내가 사랑하는 사람을 하나님께 조준하지 못하도록 실족시키는 도전들이 있습니다. 내 사랑하는 사람을 바르게 사랑하기 위해서 그 도전들에 내가 맞서야 합니다. 사랑은 내가 희생하고 내가 헌신하는 것입니다. 그 희생과 헌신을 피하고 싶어 하는 나 자신과 싸워 이겨야 합니다. 그래야 우리는 사랑해야 될 대상을 바르게 사랑할 수 있습니다. 우리의 사랑은 언제나 바른길 위에서의 사랑, 바른길을 향한 사랑, 바른길에 의한 사랑이기 때문입니다.

그래서 바울은 자기가 사랑해야 할 대상을 실족시키는 외부의 도전에 맞섰습니다. 수많은 모함을 당하면서도 맞섰습니다. 그뿐만 아니라 죄성을 가진 인간, 하나님의 소명이 아니라 자기 편한 대로 살고 싶어 하는 자신과 싸워서도 이겼습니다. 그래서 바울이 이렇게 고백하지 않습니까? 로마서 7장 18절에서 25절을 새번역으로 읽어 드리겠습니다.

—— **나는 내 속에 곧 내 육신 속에 선한 것이 깃들여 있지 않다는 것을 압니다. 나는 선을 행하려는 의지는 있으나, 그것을 실행하지는 않으니 말입니다. 나는 내가 원하는 선한 일은 하지 않고, 도리어 원하지 않는 악한 일을 합니다. 내가 해서는 안 되는 것을 하면, 그것을 하는 것은 내가 아니라, 내 속에 자리를 잡고 있는 죄입니다. 여기에서 나는 법칙 하나를 발견하였습니다. 곧 나는 선을 행하려고 하는데, 그러한 나에게 악이 붙어 있다는 것입니다. 나는 속사람으로는 하나님의 법을 즐거워하**

나, 내 지체에는 다른 법이 있어서 내 마음의 법과 맞서서 싸우며, 내 지체에 있는 죄의 법에 나를 포로로 만드는 것을 봅니다. 아, 나는 비참한 사람입니다. 누가 이 죽음의 몸에서 나를 건져 주겠습니까? 우리 주 예수 그리스도를 통하여 나를 건져 주신 하나님께 감사를 드립니다. 그러니 나 자신은, 마음으로는 하나님의 법을 섬기고, 육신으로는 죄의 법을 섬기고 있습니다(롬 7:18-25, 새번역).

바울은 매일 자기의 죄성과 싸웠습니다. 그래서 날마다 나를 쳐서 복종시킨다고 하지 않았습니까? 그래서 바울은 사랑장 고린도전서 13장을 쓰면서 사랑해야 될 자들을 바르게 사랑했습니다.

제가 1988년도에 주님의교회를 시작한 이래 2018년 은퇴할 때까지 30년을 목회했습니다. 30년을 목회한다는 것은 주님께서 저를 믿으셔서 제게 맡겨 주신 교우님들을 바르게 사랑하는 겁니다. 바르게 사랑하기 위해서는 외부의 도전과 맞서야 했습니다. 여러분, 목사가 걸어야 할 바른길을 걸을 때 함께 동참하기 원하는 목사님들도 계시지만, 더 많은 목사들은 그 목사를 배제시키려고 합니다. 심지어 자신의 기득권이 흔들린다고 생각되는 목사들이 모함하고 비방하였습니다. 목회하는 30년 동안 여러 번, 여러 모양의 칼을 맞았습니다.

수많은 칼을 맞으면서 제가 사랑해야 될 교우님들을 바르게 사랑하고 목사의 길을 바르게 걷는 것, 무엇보다 나 자신과의 싸움에서 물러서지 않고 싸워서 바른 목사 됨을 지켜 가야 한다는 것, 결코 쉬운 일이 아니었습니다. 수많은 외부의 도전과 맞서서 싸우는 것, 제 의지로 불가능한 일이었습니다.

주님의 은혜 없이는 어떤 순간도 맞서 싸울 힘이 없었습니다. 그래서 목회하는 내내 아침에 일어나면 눈을 뜨자마자 하나님께 드리는 기도가 있었습니다. 저는 매일 하루 일과를 이렇게 시작했습니다.

> 오늘도 바른 것을 분별하는 지혜와
> 바른 것을 실천하는 용기와
> 바른 것을 포기하지 않는 인내와
> 바르게 더불어 살아가는 은혜를 주십시오.

목사가 야합하기는 쉽습니다. 그러나 바르게 더불어 살아가는 것은 쉽지 않았습니다. 매번 바른 것을 분별하는 지혜, 바른 것을 실천하는 용기. 주님의 은혜 없이는 불가능한 일이었습니다. 제 기도는 이렇게 이어졌습니다.

> 오늘도 보다 깊고, 넓고, 멀리 바라보는 눈과
> 보다 많은 것을 정확하게 듣는 귀와

보다 사려 깊게 말하는 입과

보다 많은 사람을 포용하는 마음과

보다 주님을 닮은 손과 발을 지니게 해주십시오.

매일매일 바른길을 걷기 위해서는 주님의 말씀을 더 깊이 알아야 하고 주님의 말씀을 더 많이 들어야 하고 보이지 않는 영이신 하나님께 매일매일 제 시선을 고정시키며 살아가야만 했습니다. 기도가 이렇게 끝납니다.

그리하여 어제의 결과가 오늘인 것처럼,

오늘이 보다 나은 내일을 향한 발판이 되게 해주십시오.

매일매일 그 기도를 드릴 때 주님께서 매일매일 당신의 사랑으로 저와 함께 해주심으로 30년의 목회를 마무리할 수 있었습니다. 주님께서 오늘 이렇게 명령하십니다.

── **새 계명을 너희에게 주노니 서로 사랑하라 내가 너희를 사랑한 것 같이 너희도 서로 사랑하라 너희가 서로 사랑하면 이로써 모든 사람이 너희가 내 제자인 줄 알리라**(요 13:34-35).

주님께서 우리를 어떻게 사랑하셨다고 했습니까? 주님께서 우리의 눈을 들여다보시고, 우리의 속마음까지 헤아려 주실 정도로 우리를 사랑하셨습니다. 당신의 전 존재를, 당신의 전 시간을 우리에게 송두리째 주셨습니다. 내가 주님께 등을 돌리고 주님을 배신하고 있을 때에도 주님께서 우리를 무한신뢰해 주셨습니다. 우리를 사랑해 주시기 위해서 외부의 도전에 맞서셨을 뿐만 아니라 십자가의 죽음을 자취(自取)하시기 위해 겟세마네에서 자기와의 싸움을 이기심으로 우리를 사랑해 주셨습니다. 그분이 그 사랑으로 우리와 함께하고 계십니다. 그 사랑을 힘입어 우리도 서로 사랑하라는 것입니다.

맥북이 준 메시지

마지막 간증을 드리는 것으로 끝내겠습니다. 작년 11월 18일 제 목회가 마무리되었습니다. 11월 17일이었습니다. 토요일이었습니다. 제가 11월 초에 시골로 이사를 먼저 갔습니다. 그래서 퇴임하기 전 1주일 동안은 교회가 마련해 준 서울 숙소에 있었습니다. 11월 16일 금요일에 고별 설교 초안을 다 만들었습니다. 토요일 11월 17일, 이제 마지막 설교를 마무리하기 위해서 노트북을 켰습니다. 제가 사용하는 노트북은 애플사가 만든 맥북 프로라는 겁니다. 열었는데 부팅이 안 됩니다. 창이 뜹니다.

시스템 업그레이드 중에 컴퓨터를 강제로 종료를 시켜서 오류가 생겼다는 겁니다. 몇 번을 강제로 끄고 다시 켜고 다시 했는데도 부팅이 안 됩니다. 애플 제품을 쓰시는 분들은 아시겠지만 애플 제품들은 보안이 까다롭습니다. 업그레이드가 굉장히 많습니다. 아마 금요일 날 제가 설교 초안을 준비하는 동안에 저도 모르게 업그레이드가 되고 있었나 봅니다. 그런데 제가 그걸 모르고 꺼 버린 겁니다. 시스템 오류가 생긴 겁니다.

내일 30년 목회를 마무리하는 고별 설교를 해야 하는데 참 보통 문제가 아닙니다. 제가 100주년기념교회에 있는 전문가에게 전화를 했습니다. 창에 떠 있는 공지문을 제가 사진을 찍어서 문자로 보냈습니다.

'지금 내 맥북 프로 화면에 이런 공지문이 떠서 오류가 생겨 작동이 안 된다는데, 이거 어떻게 해야 합니까?'

첫마디가 '초기화해야 됩니다'였습니다.

'얼마 전에도 다른 교구 목사님이 똑같은 일을 당해서 초기화했는데 그 이외에는 방법이 없습니다.'

'초기화하면 시간이 얼마나 걸립니까?'

'최소 3시간에서 5시간입니다.'

초기화하면 맥북 프로만 초기화하는 것이 아니라 제가 설교하기 위해서 작성하고 사용하던 모든 앱, 파일들 다시 다 받고 로그인해야 되지 않습니까? 그러니까 길게는 5시간까지 걸린다는 겁니다. 제가 맥북 프로를 들고 교회에 가서 그분 만나서 초기화하고 5시간 걸려서 오면 저녁입니다. 어떻게 합니까? 제가 만일의 경우를 대비해서 시골집에서 서울로 올 때 노트북하고 아이패드를 들고 왔습니다.

그래서 '이제 할 수 없다. 아이패드로 해야지' 하고, 아이패드를 켜서 설교문을 교열을 하는데, 여러분 아시다시피 노트북보다 아이패드는 참 불편합니다. 여러 가지 기능이 제한적입니다. 제가 이 불편한 아이패드로 설교문을 교열하다가 불현듯이 이런 생각이 들었습니다. '하나님께서 보고 계시는데, 하나님께서 알고 계시는데, 내가 이제 30년에 걸친 목회를 마무리하게 하신 분이 주님이신데, 주님께서 나로 하여금 이렇게 맥북은 고장 나고 아이패드로 불편하게 마지막 설교문을 완성하게 하실까?' 제 속에서 믿음이 쑤욱 올라왔습니다. 제가 아이패드를 덮어 놓고 맥북에 손을 얹었습니다.

'주님 아시죠. 제가 다시 켭니다. 이 맥북으로 제 퇴임 설교 마무리하게 해주십시오.' 그리고 열었습니다. 아무 일도 없었다는 듯이 부팅이 되었습니다. 제가 100주년기념교회 그 전문인한테 문자를 보냈습니다. '혹시 이런 거 믿을 수 있을는지 모르겠는데…… 내가 지금 맥북에 손을 얹고 기도하고 열었는데 아무 일 없이 작동이 됩니다.' 그랬더니 그분이 곧 답신을 보냈습니다. '할렐루야, 믿습니다.'

그날 맥북의 해프닝은 단순한 해프닝이 아니었습니다. 그 해프닝은 저를 향하신 주님의 사랑의 메시지였습니다.

'재철아, 내가 30년 동안 너 이렇게 사랑했어. 너 이렇게 함께해 준 거야.'

주님의 그 사랑으로 그 사랑을 힘입어서 저는 30년 동안 사랑해야 될 교우님들을 사랑하며 살았습니다. 제가 주님의교회에서 목회할 때 강북이 제 집 아닙니까? 새벽기도에 오기 위해서 알람을 켜야 되는데, 10년을 살다 보면 알람의 배터리가 떨어지는 날도 있지 않습니까? 제가 잊어버리고 알람을 세팅을 하지 않는 날도 있지 않습니까? 제가 깨야 될 시간에 창문 밖에서 '재철아' 부릅니다. 눈을 뜹니다. 알람시계 배터리가 다 떨어졌습니다. 창문 열면 아무도 없습니다. 하나님께서 깨우시는 겁니다. 어떤 날은 창문을 밖에서 막 흔들어 주십니다. 그 소리에 깹니다.

그 주님의 사랑을 힘입어서 저같이 무능력하고 부족하고 허랑방탕했던 사람이 여러분을 사랑하면서 30년의 목회를 마무리할 수 있었습니다. 그 하나님의 사랑이 지금 여러분과 함께하고 계십니다. 그 사랑을 힘입으십시오. 그 사랑 속에 거하십시오. 그 사랑으로, 여러분이 사랑해야 될 사람의 눈동자를 들여다보면서 살아가십시오. 그 사랑을 힘입어서, 사랑해야 될 사람에게 오늘부터 여러분의 시간을 드리십시오. 사랑해야 될 대상이 지금 비록 여러분의 기대와 예상을 벗어나 있다 할지라도 주님께서 우리를 믿어 주셨던 것처럼 무한신뢰하십시오. 그 사람을 바르게 사랑하기 위해, 하나님의 정의를 세우기 위해, 그 사람을 무너뜨리려는 외부의 도전에 맞서시고, 그에 대한 사랑의 의무를 다하지 않으려는 내 자신과 맞서 싸우십시오.

우리가 그렇게 살아갈 때, 우리가 세상에서는 보잘것없는 사람이라 할지라도 우리가 엮어 가는 인생 이야기책은 멋진 서사책이 될 것입니다. 저는 그 주님의 사랑에 감사하기 위해서 제 시골집 이름을 제 아내와 의논해서 '서사집'이라고 지었습니다. 오늘 본문의 명령을 따라서 '서로 사랑하는 집'입니다. 여러분이 서로 사랑하며 살아가면 여러분의 인생이 서사책으로 엮어질 것이고, 여러분의 가정이 따뜻한 서사집으로 세워질 것을 믿습니다. 기도하시겠습니다.

> 주님, 사랑하기를 원했는데 사랑이 무엇인지 몰랐습니다.
> 사랑의 미명으로 서로 상처를 주고받았습니다.
> 그러면서 늘 그것이 나의 탓이 아니라 상대의 탓이라고만 생각했습니다.
> 오늘 사랑이 구체적으로 무엇인지 깊이 깨닫게 해주셔서 진심으로 감사합니다.
> 우리를 향하신 그 주님의 사랑을 힘입어, 그 주님의 사랑을 의지해서, 머리 숙인 분들이 사랑해야 될 사람들과 서로 사랑하게 해

주십시오.

그리하여 이분들이 엮어 가는 인생 이야기책이 아름다운 서사책이 되게 해주시고, 이분들의 가정이 따뜻한 서사집이 되게 하여 주시옵소서.

예수님의 이름으로 기도드립니다. 아멘.

백성 중의 어리석은 자들아 너희는 생각하라 무지한 자들아 너희가 언제나 지혜로울까 귀를 지으신 이가 듣지 아니하시랴 눈을 만드신 이가 보지 아니하시랴(시 94:8-9)

③

섬김에 대해

이 세상에 태어난 모든 사람은 삶이라는 붓으로 인생이라는 이야기책을 엮어 가고 있다고 했습니다. 인생이라는 이야기책을 바르게 엮어 가기 위해서는 반드시 인생에 대한 바른 이해가 선행되어야 한다고 했습니다. 그래서 첫날, 인생에 대해서 함께 사색해 보았습니다. 삶이라는 붓으로 엮어 가야 할 인생이라는 이야기책의 핵심을 두 단어로 표현하면 첫째는 '사랑'이고 둘째는 '섬김'이라고 했습니다. 그래서 어제는 사랑에 대해서 생각했고 오늘 마지막 날은 섬김에 대해서 함께 사색해 보겠습니다.

모방력과 창조력

제가 캐나다 토론토에 갔을 때 그곳에서 직업이 유치원 선생님인 분으로부터 대단히 흥미로운 이야기를 들었습니다. 토론토에 살고 있는 유치원 아이들에게 풍경 그림을 그리게 하면 대부분의 아이들의 그림 속에 산이 없다는 것입니다. 자기가 근무하는 유치원 아이들뿐만 아니라 토론토에 살고 있는 거의 모든 아이들의 풍경 그림에는 산이 없다고 했습니다. 그 이유가 무엇이겠습니까? 흥미롭지 않습니까?

토론토가 주도인 캐나다의 온타리오 주는 동서 길이가 1,000킬로미터, 남북의 길이가 1,000킬로미터, 면적이 우리 남한 땅 9배나 됩니다. 그런데 그 광활한 땅에 산이 하나도 없습니다. 자동차를 타고 1,000킬로미터를 달려가도 우리가 말하는 야트막한 구릉이나 언덕은 나와도 100미터, 200미터 높이의 우리가 말하는 산은 단 한 개도 나타나지 않습니다. 따라서 토론토에서 태어난 어린아이들 가운데에 부모를 따라서 캐나다 다른 지방, 산 있는 지역을 여행하거나 혹은 외국에 가서 산을 본 적이 없는 아이들에게 자연을 그리라고 하면 들판, 강, 호수밖에 없는 것입니다.

이것은 우리로 하여금 대단히 중요한 사실을 깨닫게 해줍니다. 사람은 무엇이든지 자기가 인식한 것만 어떤 형태로든 표현해 낼 수 있다는 것입니다. 사람이 인식하거나 인지한 것이 뇌 속의 인식 창고에 저장됩니다. 저장되어 있던 것 중에서 필요에 따라서 어떤 형태로 표현되고 표출되는 것입니다. 내가 인식해 본 적도 없는 것, 단 한 번도 인지해 본 적이 없는 것, 그래서 내 뇌 속의 인식의 창고에 저장된 적이 없는 것은 표현할 수 없다는 것입니다.

어느 나라에서나 예술가들은 존중을 받습니다. 예술가들이 존중받는 이유는 어느 나라나 다 공통적으로 똑같습니다. 그들이 지니고 있는 남다른 독창력과 창작력 때문입니다. 그들의 독창력과 창작력은 정말 존경스럽습니다. 그런데 아무리 세계적으로 유명한 대문호라 할지라도 모티브가 없으면 소설을 쓰지 못합니다. 신문 기사에서 조그마한 사건 기사를 하나 보았다든가, 어느 선술집에서 술을 먹는데 옆 테이블 사람들의 이야기를 들었다든가, 뭔가 모티브가 있을 때 그 조그만 모티브를 토대로 해서 대하소설이 나오고 감동적인 시가 나오는 것입니다. 아무 모티브도 없는데 위대한 소설가의 머리에서 그냥 소설 이야기가 나온다? 있을 수 없습니다.

화가도 똑같습니다. 세계적으로 아무리 뛰어난 화가라 할지라도 인물화를 그릴 때 모델이 없으면 인물화를 그리지 못합니다. 화가는 사람의 우수에 젖은 눈망울, 행복에 겨워하는 미소, 공포에 질린 얼굴 표정을 상상으로는 절대로 그려 내지 못합니다. 우수에 젖은 눈망울을 가진 한 여인을 보았을 때 그 눈망울을 캔버스에 그려 낼 수 있습니다. 공포에 질린 사람의 얼굴을 보았을 때 그 얼굴을 그릴 수 있는 것입니다. 행복에 겨워하는 미소를 짓는 사람의 얼굴을 한 번도 본 적이 없는 사람이 행복에 겨운 미소를 지어 낼 수 없습니다.

이처럼 대문호도 위대한 화가도 어떤 모티브나 모델이 있어서 그가 인식한 것을 토대로 예술 작품을 만들어 낸다고 하는 것을 알고 나면 우리가 존경해 마지않는 예술가들의 독창력과 창작력이라고 하는 것은 자신이 본 것의 변형력, 적용력, 모방력,

확장력일 뿐 창조력은 아니라는 사실을 알게 됩니다. 다 예술가들이 뭔가 본 것, 인식한 것을 변형하고 적용하고 확장하는 것입니다. 그렇다면 그들이 가진 능력은 창조력이 아닌 것입니다.

유럽 여행을 하신 분은 잘 아시겠습니다마는, 유럽에 가면 2,000년도 전에 옛날 그리스 도시 국가 시대 때부터 만들어진 신상들이 곳곳에 즐비하게 세워져 있습니다. 어떻게 2,000년 전에 사람이 손으로 이렇게 신상을 만들었을까? 다 당대의 예술가들이 만든 것입니다. 그냥 살아 있습니다. 아니, 살아 있는 사람보다 여자는 더 예쁘고 남자는 더 멋집니다. 정말 그 당대의 예술가들은 뛰어난 사람들입니다. 그런데 그 신상들이 아무리 뛰어나 보인다 할지라도 그 신상들에 대해서 성경은 이렇게 이야기합니다. 시편 115편 4절에서 7절입니다.

—— **그들의 우상들은 은과 금이요 사람이 손으로 만든 것이라 입이 있어도 말하지 못하며 눈이 있어도 보지 못하며 귀가 있어도 듣지 못하며 코가 있어도 냄새 맡지 못하며 손이 있어도 만지지 못하며 발이 있어도 걷지 못하며 목구멍이 있어도 작은 소리조차 내지 못하느니라**(시 115:4-7).

옛날 그리스에 위대한 예술가가 있었습니다. 그 예술가가 이제 의뢰를 받고 신상을 만듭니다. 그 신상의 얼굴에 눈을 붙여 줍니다. 왜 눈을 붙여 줍니까? 자기가 세상을 볼 수 있기 때문입니다. 눈이 자기 얼굴에 없어서 아예 처음부터 세상을 볼 수 없는 사람이라면 신상을 만들 수도 없겠지만, 신상을 만들어도 눈을 붙여 주지 못할 것입니다. 이 예술가는 이렇게 염원하면서 신상의 얼굴에 눈을 붙여 주는 것입니다. '신이시여, 내가 당신 얼굴에 눈을 붙여 드립니다. 내가 어디에 있든지 내가 붙여 드리는 이 눈으로 나를 굽어살펴 주소서.' 귀를 붙여 줍니다. '신이시여, 내가 작은 소리로 신음하는 소리로 기도해도 이 귀로 내 기도를 들어 주소서.' 입을 붙여 줍니다. '내가 당신 앞에 기도할 때마다 당신이 이 입을 열어서 나에게 응답해 주소서.' 그렇게 만든 예술 작품 신상은 사람하고 똑같습니다.

그런데 그 신상은 못 봅니다. 눈이 있는데 못 봅니다. 귀가 있는데 듣지 못합니다. 입이 있는데 말하지 못합니다. 사람하고 똑같이 생겼는데, 왜 보지 못하고 듣지 못하고 말하지 못합니까? 그 신상을 만든 사람은 말하고 보고 들어 달라고 그 신상을 만들었는데, 왜 못 보고 말 못하는 것입니까? 그 신상을 만든 사람이 사람하고 똑같이, 아니 사람보다 더 멋지게 만든 그 능력은 위대한 창작력과 독창력일 뿐 창조력이 아닌 겁니다. 그러니까 그가 만든 신상이 아무리 사람처럼 보여도 그저 돌덩이이거나 나무 덩어리에 불과한 겁니다. 그 예술가에게는 그 나무 덩어리, 그 금속 덩어리로 하여금 자기를 보게 만들 창조력은 없는 것입니다.

혹시 기억하시는 분이 계시는지 모르겠습니다마는, 프랑스

파리에 있는 루브르 박물관에 가면 중앙 건물 1층 전시실 제일 맞은편에 2층으로 올라가는 계단이 있습니다. 그 2층으로 올라가는 계단 한가운데에 스포트라이트를 받으면서 얼굴 없는 여신상이 서 있습니다. 그러니까 루브르 박물관에서 누구든지 1층을 보고 2층으로 가려면 그쪽으로 얼굴을 돌려야 되는데, 그 신상이 한눈에 들어옵니다. 등허리에 날개가 달려 있고, 발굴할 때 얼굴이 없었기 때문에 얼굴만 없고, 여신이 마치 하늘로 비상하는 것 같은 그런 모습입니다. 얼마나 잘 만들었는지! 가까이 가서 보면 그 여신상 아래에 이렇게 쓰여 있습니다. "사모드라게의 니케." 사모드라게라는 에게 바다 섬에서 발굴해 낸 니케입니다. 니케는 헬라어로 '승리의 여신'이라는 말입니다.

이 니케라는 헬라어가 로마 신화에 가면 빅토리아가 됩니다. 그리고 영어로 바뀌면 나이키입니다. 우리가 신고 있는 운동화가 그 니케입니다. '승리의 여신' 신을 신고 다니는 겁니다. 그런데 당시에 여신상 니케가 여러 군데 있었습니다. 루브르 박물관에 있는 그 니케는 사모드라게 섬에서 발굴한 니케라고 '사모드라게의 니케'라는 이름이 붙여져 있는데, 바로 그 니케가 사모드라게에서 발굴되었기 때문에 2,000년 전에 바울도 지금 루브르 박물관에 전시되어 있는 그 니케를 보았습니다.

바울이 2차 전도여행에서 드로아에 도착했을 때입니다. 그 날 밤에 에게 해 건너편에 마게도니아 사람의 환상이 보였습니다. 바다를 건너와서 우리를 좀 도와 달라고 했습니다. 그래서 바울이 그것을 성령의 뜻이라고, 지시라고 믿고, 그다음 날 배를 타고 마게도니아, 오늘날 그리스의 발칸 반도로 넘어가서 2,000년 기독교 역사상 최초로 유럽에 발을 딛습니다. 그 장면을 증거하는 사도행전 16장 11절이 이렇게 밝히고 있습니다.

—— **우리가 드로아에서 배로 떠나 사모드라게로 직행하여 이튿날 네압볼리로 가고**(행 16:11).

바울이 드로아에서 배를 탔는데 바울이 탄 배가 사모드라게에 가서 하룻밤 정박을 했습니다. 그리고 아침이 되어서 다시 배를 타고 발칸 반도의 네압볼리로 갔습니다. 당시에 지금 루브르 박물관에 전시되어 있는 그 여신상이 바로 사모드라게 부두 언덕 위에서 부두를 내려다보면서 서 있었습니다. 이건 역사적인 기록입니다. 그래서 누구든지 부두에 가서 배를 타려고 하면 이 여신상이 보이게 돼 있습니다. 언덕 위에서 이렇게 날개를 펴고 내려다봅니다. 그러니까 배를 타는 상인들 누구든지 배를 타기 전에 여신에게 기원을 했습니다. 항해의 안전, 그리고 거래의 번영을 위해서 기원을 했습니다. 전투에 나가는 군인들은 그 승리의 여신에게 승리를 기원했습니다. 배에서 내리는 사람은 누구든지 내리면서 그 위에 있는 사모드라게의 여신에게 감사 기원을 했습니다.

바울도 이때 드로아에서 사모드라게에서 내려서 배에서 땅으로 발을 디디면서 그 사모드라게의 여신 니케를 봤습니다. 마치 비상할 듯이 날아오를 듯이 예술적인 여신상을 보고, 함께 가는 그 배에 탔던 승객들이 다 빈다고 해서 바울도 그 여신상을 향해서 빌었겠습니까? 바울이 후에 아테네에 갔을 때, 사도행전 17장 16절이 이렇게 증거합니다.

—— **바울이 아덴에서 그들을 기다리다가 그 성에 우상이 가득한 것을 보고 마음에 격분하여**(행 17:16).

바울이 아테네를 갔더니 사모드라게처럼 부두에 여신상 하나가 있는 것이 아니라 길거리마다, 집집마다 신상들이 세워져 있습니다. 그걸 보고 바울이 격분했습니다. 왜입니까? 보지도 못하고 듣지도 못하는 돌, 나무, 금속을 가져다 놓고 듣는다고 본다고 사람들이 속고 있었기 때문입니다. 그러니까 바울이 볼 때에는 그 사모드라게의 여신, 그것도 그저 대리석 덩어리에 불과했습니다. 그러니까 목이 떨어져서 지금 박물관에 전시되고 있는 겁니다.

바울이 에베소에 가서 복음을 전할 때, 그 에베소에는 고대 세계 7대 불가사의 중에 하나인 아테미 신전이 있었습니다. 그 아테미 신전 안에는 아테미 여신상이 있었습니다. 그 규모가 얼마나 큰지, 피라미드와 함께 고대 세계 7대 불가사의 중에 하나입니다. 그 큰 아테미 신전 그 여신에게 참배하기 위해서 매일 동서남북에서 수없이 많은 참배객들이 아테네를 찾아왔습니다. 참배객들이 많이 아테네를 찾으면 어떻게 되겠습니까? 그들을 위해서 숙박업을 하는 사람이 있습니다. 그들에게 밥을 파는 식당업 하는 사람이 있습니다. 그들에게 기념품을 파는 사람이 있습니다. 그 신전에서 사제들과 신전을 관리하는 사람들이 있습니다. 그 안에 여사제만 1,500명이 있었던 것으로 알려져 있습니다. 그러니까 에베소에서 살고 있는 시민들 가운데에 대부분의 생계가 그 아테미 신전하고 직결되어 있는 겁니다. 그런데 거기에서 바울이 그 아테미 신전을 가리키면서 뭐라고 했습니까? 사도행전 19장 26절입니다.

—— **사람의 손으로 만든 것들은 신이 아니라 하니** (행 19:26 중).

'지금 저거 참배하러 왔지. 저거 누가 만들었어? 사람이 만들지 않았니? 그게 어떻게 신이겠니? 그게 어떻게 듣고 보겠니?' 이러면 에베소 사람이 가만히 두겠습니까? 당연히 죽이려고 합니다. 바울은 목숨을 걸고 그렇게 이야기했던 것입니다. '왜 그렇게 정교한데, 왜 보지 못하고 듣지 못하는 돌덩이에 불과한가?'

그것을 만든 사람들에게 독창력과 창작력만 있었을 뿐 창조력은 없었습니다.

언제나 지혜로울까

오늘 본문은 이렇게 시작됩니다. 시편 94편 8절입니다.

—— **백성 중의 어리석은 자들아 너희는 생각하라 무지한 자들아 너희가 언제나 지혜로울까**(시 94:8).

백성들 중에 무지한 사람들이 있는 겁니다. '백성들 중에 무지한 사람들아, 너희가 언제 지혜로울래?' 여기에 무지가 있고 여기 지혜가 있습니다. 무지한 너희들이 지혜로워지는 그 분기점이 무엇입니까? "너희는 생각하라"입니다.

여러분이 아무리 학력이 깊어도, 여러분이 아무리 지성인이라도, 생각하는 그리스도인이 되지 않으면 하나님 앞에서 여러분은 지혜로운 그리스도인으로 살 수 없습니다. 신앙의 성숙은 생각하는 것으로부터 시작합니다. '너희들 한번 생각해 봐라.' 히브리어 동사 '빈'(בין)은 그저 건성으로, 아니면 스쳐 지나가듯이 '한번 생각해 봐' 그게 아닙니다. '너희들, 숙고해 봐라. 깊이 생

각해 봐라. 사색해 봐라'입니다. 여러분, 우리가 말씀을 공부하는 것, 큐티를 하는 것, 전부 생각하는 그리스도인으로 살기 위함입니다.

바울이 로마서 8장 18절을 통해서 이렇게 말하지 않았습니까?

—— **생각하건대 현재의 고난은 장차 우리에게 나타날 영광과 비교할 수 없도다**(롬 8:18).

우리가 잘 아는 구절입니다. 이 짧은 한 구절 속에서 여러분께서는 어떤 단어가 가장 중요하다고 생각하십니까? 저는 "생각하건대"입니다. 내가 지금 현재 고난을 당하고 있습니다. 내가 아픕니다. 고통스럽습니다. 매일매일 눈뜨는 것이 두렵습니다. 그러나 이것을 발판으로 내게 다가올 미래의 날들은 오늘 내가 당하는 고통과는 비교할 수 없는 영광의 날들이 될 것입니다. 이것을 어떻게 알 수 있습니까? 생각하는 사람만 압니다. '주께서 나를 위해서 십자가에 못 박혀서 제물이 되어 돌아가셨는데 주께서 나를 골리시려고 나를 지금 이 아픔 속에 몰아넣으셨을까? 주님께서 나를 버리셨기 때문에 내가 지금 이 끝이 보이지 않는 고난의 터널을 통과해야 되는가? 아니다. 그분이 나를 위해서 십자가의 제물이 되기까지 돌아가신 분이시라면 이 과정을 통해서 내게 불필요한 모든 근육을 다 빼어 내게 하시고 영적으로 더 강건한 사람이 되게끔 하시기 위해서 지금 나를 빚고 계신다.' 생각해 보면 답이 나오는 겁니다.

여기에서 "생각하건대"라는 것은 '로기조마이'(λογίζομαι)입니다. 그냥 '생각'이 아닙니다. 이것 역시 숙고하는 것입니다. 사색하는 것입니다. 고인이 된 일본의 유명한 작가 미우라 아야코 여사는 평생 병자로 살지 않았습니까? 젊은 나이에 폐결핵에 걸려서 폐결핵 환자로 살다가 그 폐결핵이 척추 카리에스로 이어져서 7년 동안을 꼼짝 못하고 누워 있지 않았습니까? 그리고 척추 카리에스에서 일어난 다음에는 죽을 때까지 여러 암에 걸렸습니다. 여러분, 예수 믿고 일평생 병자로 살았으면 짜증스럽지 않겠습니까? 그러나 미우라 아야코 여사는 생각하는 크리스천이었습니다. 그의 병상의 기도가 유명합니다.

> 병들지 않고는 드릴 수 없는 기도가 따로 있습니다.
> 병들지 않고는 들을 수 없는 말씀이 따로 있습니다.
> 병들지 않고는 볼 수 없는 얼굴이 따로 있습니다.
> 병들지 않고는 나아갈 수 없는 성소가 따로 있습니다.
> 아, 나는 병들지 않고는 인간이 될 수조차 없었습니다.

그분은 일평생 병자로 살았지만, 로기조마이, 생각하는 그리스도인이었습니다. '생각하건대 내 육체는 지금 이렇게 병 속에서 고통스러워하지만 이 병을 통해서 주님께서 주실 미래의 영광은 족히 비교하지 않으리라.' 그의 주옥같은 모든 문학작품은 모두 병 속에서 나왔습니다. 미우라 아야코 여사가 건강한 여인이었으면, 그냥 건강한 일본 여성으로 살다 생을 끝내었을 것입니다. 마태복음 6장 28에서 30절을 통해서 주님께서 이렇게 말씀하십니다.

—— **또 너희가 어찌 의복을 위하여 염려하느냐 들의 백합화가 어떻게 자라는가 생각하여 보라**(마 6:28 상).

'카타만다노'(καταμανθάνω). 이것은 숙고보다 하나가 더 들어갑니다. '심사숙고'해 봐라. '얘들아, 저 들판에 지금 백합화 들풀이 어떻게 자라는지 심사숙고 한번 해봐라.'

—— **수고도 아니하고 길쌈도 아니하느니라 그러나 내가 너희에게 말하노니 솔로몬의 모든 영광으로도 입은 것이 이 꽃 하나만 같지 못하였느니라 오늘 있다가 내일 아궁이에 던져지는 들풀도 하나님이 이렇게 입히시거든 하물며 너희일까보냐 믿음이 작은 자들아**(마 6:28 하-30).

여러분, 우리가 같이 교회에 다니고 교회에 앉아 있다고 절대로 다 같은 믿음이 아닙니다. 주님 보시기에 큰 믿음이 있고 좁쌀만큼 작은 믿음이 있습니다. 그 분기점이 무엇입니까? 생각하는 것입니다. 생각하지 아니하면 매일매일 '뭘 먹을까? 뭘 입을까?'를 생각합니다. 천지를 창조하신 주님, 나를 영원히 구원하시기 위해 십자가의 제물이 되신 주님을 믿는다고 하면서도 이 고깃덩어리를 위해서 염려하고 안달하다가 생이 끝나는 것입니다. 그런 사람들보고 주님께서 지금 말씀하시는 겁니다. '카타만다노, 심사숙고해 봐'. 믿음은 생각하는 것입니다. 오늘 이 본문 속에서는 지금 주님께서 뭘 생각하라고 특정해서 말씀하십니까? 본문을 다시 봅니다. 시편 94편 8절에서 9절입니다.

―― **백성 중의 어리석은 자들아 너희는 생각하라 무지한 자들아 너희가 언제나 지혜로울까 귀를 지으신 이가 듣지 아니하시랴 눈을 만드신 이가 보지 아니하시랴**(시 94:8-9).

우리가 신앙생활하면서, 큐티하면서, 말씀 공부하면서, 경건훈련하면서, 많은 것을 생각하고 숙고하고 사색해야 되지만 오늘 주님께서 본문을 통해서 우리에게 '너희들, 심사숙고해 봐라'라고 던져 주신 명제는 '너희들 한번 생각해 봐. 너희들에게 눈을 지어 준 내가 너희들 못 보겠니? 너희들에게 귀를 만들어 준 내가 너희 말 못 듣겠니?' 생각해 보라는 것입니다.

아까 예술가 이야기를 했습니다. 예술가들이 만드는 신상은 정말 기가 막힙니다. 살아 있습니다. 그런데 그들이 염원을 담아서 신상을 만들었는데, 그 신상은 보지 못하고 듣지 못하는 돌 조각, 나무 조각, 쇠붙이에 불과합니다. 왜입니까? 예술가는 독창력과 창작력만 지녔을 뿐 창조력이 없었습니다. 태초에 하나님께서 인간을 창조하실 때에는 모든 것이 혼돈하고 공허합니다. 아무것도 없습니다. 예술가처럼 하나님께서 모델로 삼을 대상이 없었습니다. 옛날 그리스에 예술가들이 여신상을 만든다고 하면 그 시대에 정말 아름다운 여인을 앉혀 놓고 그 여인을 모델 삼아 여신상을 만드는 겁니다. 우람한 근육의 남신상을 만든다면 당대에 우람한 근육을 가진 전사를 한 명 세워 놓고 보고 신상을 조각하는 겁니다.

그런데 하나님께서 인간을 창조하실 때에는 모델이 없었습니다. 지금 하나님은 무에서 유를 만드셔야 합니다. 아무것도 참조하시지 않고 하나님께서는 당신의 형상대로 인간을 빚으셨습니다. 진흙으로 인간을 빚으시고 눈을 만들어 주십니다. '너희들이 눈으로 나를 보거라. 나도 네 눈 속을 들여다볼게. 우리 서로 이 눈으로 소통하고 사랑하자.' 귀를 붙여 주십니다. '내 음성에 귀 기울이며 살아라.' 입을 붙여 주십니다. '이 입으로 나에게 말하거라. 내가 언제나 들어 주마.'

어떻게 하나님께서 인간에게 눈을 붙여 주시고 귀를 붙여 주시고 입을 붙여 주십니까? 하나님께서 보실 수 있는 분이시기 때문입니다. 하나님께서 들으실 수 있기 때문입니다. 하나님께서 말씀하실 수 있기 때문입니다. 여기까지는 예술가가 신상을 만드는 것과 똑같습니다. 그다음이 다릅니다. 하나님께서 인간을 그렇게 다 빚으시고 그 인간의 코에 생기를 '후' 불어넣어 주셨습니다. 그 순간에 흙이었던 인간이 진짜 보는 겁니다. 진짜 듣는 겁니다. 진짜 말하는 겁니다. 이게 어떻게 가능해졌습니까? 하나님의 능력은 창작력과 독창력이 아니라 창조력이기 때문입니다.

그래서 진흙을 빚어서 당신을 보게 하시고, 말하게 하시고, 걷게 하시고, 움직이게 하신 것입니다. 그래서 우리는 지금 이렇게 봅니다. 듣습니다. 우리는 흔히 우리가 보는 것을 절대시합니다. '내가 봤단 말이야. 내가 그 사람 그렇게 말하는 거 들었단 말이야.' 하나님께서 우리를 보고 듣게 해주셨기 때문에 우리는 우리가 보고 듣는 것을 절대시합니다. 그런데 우리가 세상의 모든 것, 다 볼 수 있습니까? 불가능합니다. 멀리 있는 것, 못 봅니다. 눈앞에 붙어 있는 것, 못 봅니다. 내 등 뒤, 못 봅니다. 우리가 지금 이 강당 안에 앉아 있으면 강당 밖을 볼 수 없습니다. 심지어 내 몸 속에서 암세포가 나를 죽이고 있는데 저는 못 봅니다. 태양처럼 밝은 것도 못 보고, 캄캄한 어둠도 못 봅니다. 커도 못 보고 세균처럼 작아도 못 보고, 우리가 보는 것이 절대적인 것 같지만 실은 보지 못하는 게 더 많습니다.

듣는 것도 마찬가지입니다. 우리는 '내가 들었단 말이야'라고 내가 들은 것을 절대시합니다. 그러나 전문가의 말에 의하면 인간의 귀는 인간의 청력이 포착할 수 있는 파장 이내의 소리만 듣는다고 합니다. 그러니까 그 파장을 넘어서는 소리는, 예를 들어서 내 옆에서 대포가 터지는 큰 소리가 나도 아무 소리가 안 들리는 것과 똑같은 겁니다. 그 파장 이하의 소리를 못 듣는 것도 두말할 필요가 없습니다.

하나님께서 당신의 창조의 능력으로 우리를 보게 하시고 듣게 하셨지만, 우리는 육체를 지니고 살아가는 한은 시간과 공간의 지배를 받습니다. 그래서 우리가 보는 데는 한계가 있고, 듣는 데도 한계가 있습니다. 그러나 하나님은 영이십니다. 하나님은 그 어떤 것도 구애받지 아니하십니다. 그러므로 내가 어디에 있어도 하나님께서는 우리 한 사람 한 사람을 개별적으로 보고 계시고 듣고 계십니다. 이것을 아는 사람만 바른 섬김의 사람으로 살아갈 수 있습니다. '내가 어디에 있든지 아무도 보지 않는 곳에 있어도 나를 보게 하신 그분이 지금 나를 보고 계신다.' 그분의 눈을 의식하는 사람만 그분을 위해서 봉사할 수 있습니다. 그러지 않고는 모든 인간의 섬김은 자기를 위한 섬김, 자기 과시를 위한 섬김으로 끝나 버립니다.

와 보라

하나님께서 우리에게 눈을 주셨기 때문에 보고 계시고, 듣고 계시는 그 실례(實例), 정말 아무도 보지 않게 이름도 없이 빛도 없이 섬기는 자를 하나님께서 어떻게 보고 어떻게 그를 높이시는지 그 실례를 성경의 안드레를 통해서 함께 생각해 보고자 합니다. 먼저 요한복음 1장 35절에서 42절을 같이 보겠습니다. 35절입니다.

—— **또 이튿날 요한이 자기 제자 중 두 사람과 함께 섰다가**(요 1:35).

여기에서 요한은 예수님의 제자 요한이 아니라 요단강에서 세례를 베풀던 세례자 요한을 의미합니다. 어느 날 세례자 요한이 자기 제자 두 명과 서 있습니다. 36절입니다.

—— **예수께서 거니심을 보고 말하되 보라 하나님의 어린 양이로다**(요 1:36).

세례자 요한이 두 제자하고 서 있는데 마침 멀찍이 예수님께서 지나가시는 모습이 보였습니다. 그래서 세례 요한이 두 제자에게 '얘들아, 저분이 하나님의 어린양이시다'라고 말했습니다.

하나님의 어린양이라는 표현은 메시아를 가리키는 유대식 표현이었습니다. '저분이 바로 메시아, 우리를 구원하러 이 땅에 오신 그리스도시다.' 이런 말입니다. 37절입니다.

──— **두 제자가 그의 말을 듣고 예수를 따르거늘**(요 1:37).

세례자 요한의 두 제자가 '저분이 메시아시다'라는 스승의 말을 듣고 그 즉시로 메시아이신 예수님을 따라가기 시작했습니다. 38절입니다.

──— **예수께서 돌이켜 그 따르는 것을 보시고 물어 이르시되 무엇을 구하느냐**(요 1:38 상).

예수님께서 한참 가시다가 뒤에서 자기를 따라오는 사람의 인기척을 아셨습니다. 그래서 예수님께서 발걸음을 돌리셨습니다. '당신들 무엇을 요구하시오?' 이 문맥의 뉘앙스를 보겠습니다. 지금 이 세례자 요한의 제자 두 사람은 '저분이 그리스도'라고 스승이 말씀하시니까, 이 땅에 강림한 하나님의 아들 성자 하나님이라고 믿고 지금 따라가는 거 아닙니까? 그런데 그 메시아가 자기네들을 보고 '당신들 내게 무엇을 요구하시오?' 묻습니다. '무얼 요구하든지 다 들어줄게', 이런 뉘앙스입니다. 요즘도 재림주는 많은데, 정말 예수님께서 재림하셔서 만났다고 합시다. 그래서 재림주를 따라가는데, 그 재림하신 주님께서 돌아서셔서 여러분에게 '내 형제자매들이여, 뭘 해드릴까요?' 물으신다면 뭐라고 대답하시겠습니까? 요구할 것이 많지 않겠습니까? 주로 내가 평소에 필요로 했던 것들입니다. 그런데 이 세례자 요한의 두 제자가 뭐라고 했습니까?

―― 예수께서 돌이켜 그 따르는 것을 보시고 물어 이르시되 무엇을 구하느냐 이르되 랍비여 어디 계시오니이까 하니 (랍비는 번역하면 선생이라) (요 1:38).

참 지혜로운 제자들, 우리가 꼭 본받아야 할 제자들입니다. 오늘날 많은 교인들이 사람의 말에 현혹당합니다. 여러분, 아무리 설교를 잘하는 자의 설교라 할지라도 설교는 공기의 진동에 불과합니다. 순식간에 없어집니다. 이 두 제자는 예수님의 메시아 되심을 말로 확인하려 하지 않았습니다. '당신이 정말 메시아입니까? 우리 스승이 당신이 메시아라고 하는데 당신 메시아 맞습니까? 당신 입으로 좀 한번 확인시켜 주세요.' 그러지 않았습니다.

이 두 사람은 '당신 어디 계십니까?', 바꾸어 말하면 '당신이 살고 있는 삶의 현장을 좀 우리에게 보여 주세요'라고 했습니다.

이 두 사람은 예수님의 말로 예수님의 메시아 되심을 확인하려 한 것이 아니라 예수님의 삶의 현장을 보고, 그분이 사시는 모습을 보고, 그분의 행동을 보고, 자신들의 두 눈으로 확인하고, 그분이 이 땅에 강림하신 메시아라는 것을 확증하기를 원했던 것입니다. '당신 어디에 사십니까? 우리 따라가서 좀 봐도 됩니까?' 한 것입니다. 39절입니다.

── **예수께서 이르시되 와서 보라**(요 1:39 상).

예수님 대답이 간단합니다. '내가 아침에 나오면서 이불을 안 개켰는데 뭐 집까지 가냐. 우리 여기서 얘기하자.' 그게 아닙니다. 예수님은 어떤 토도 달지 아니하셨습니다. '너희들이 내가 사는 삶의 현장을 보고 내가 메시아인 것 확인하고 싶으니 와서 봐라.'

한때 교회성장론이 한국 교회를 휩쓸었습니다. 옛날 성경은 이 번역이 '와 보라'라고 되어 있었습니다. '와 보라'가 한국 교회의 단골 표어였습니다. 전도 표어였습니다. 그때의 '와 보라'는 예배당에 국한되어 있습니다. '우리 교회 한번 가 보자, 우리 목사님 설교 한번 들어 보자, 우리 교회 성가대 찬양 한번 들어 봐라, 우리 교회 성경공부에 한번 참석해 봐라.' 예배당에 와서 보라는 겁니다.

예수님께서는, '랍비여, 당신이 정말 메시아시라면 당신의 삶의 모습을 우리가 볼 수 있습니까?'라고 할 때 '그래, 가자. 예루살렘 성전에 가자'라며 그들을 예루살렘 성전에 데려가시지 않았습니다. '와 봐라. 내가 어떻게 사는지 내 삶의 현장을 봐라. 내 삶의 현장을 보고 내가 메시아라는 거 너희들 눈으로 확인해라'라고 하셨습니다.

우리는 오늘날 '와 보라'의 대상을 예배당이 아니라 우리 삶의 현장, 일터로 확장시켜야 합니다. '당신이 목사입니까? 당신이 장로입니까? 당신이 권사입니까? 당신이 집사입니까? 당신 예수 믿는 그리스도인입니까? 내가 당신 진짜 목사라는 거 어떻게 알아요? 당신이 진짜 장로라는 거 어떻게 알아요?' 우리는 답해 줄 수 있어야 합니다. '와 봐라. 우리 집에 와 봐라. 내가 우리 가족들하고 어떤 인생관과 가치관으로 살아가는지 우리 집에 와서 봐라. 내가 우리 자식들을 어떤 교육관으로 교육시키는지, 우리 자식들로 하여금 이 세상에 대해서 어떻게 공적 책임을 지면서 살게 하는지 우리 집에 와 봐라.' '네가 내가 장로인 거 알고 싶니? 내 사무실에 와 봐라. 내가 얼마나 정직하게 일해서 돈을 벌고, 번 돈을 내가 어떻게 쓰고 있는지 와서 네 눈으로 봐라. 그리고 내가 장로인지 아닌지 네가 확인해라.'

여러분, 우리가 예수님처럼 내 삶의 터전으로, 내 사무실로, 내 일터로 사람들을 '와 보라'라고 말하고 그들이 와서 보고 우리를 따라서 살고 싶어 하지 않는다면, 교회가 아무리 많아도 교회로 인해 세상은 새로워지지 않습니다. 그리스도인의 집은, 그리스도인의 일터는 투명한 유리가 끼워져 있는 진열장이어야 합니다. 누구든지 들여다볼 수 있어야 합니다. '와 봐라.' 예수님께서 '와 봐라' 하고 주저 없이 말씀하셨습니다. 39절을 다시 읽습니다.

── **예수께서 이르시되 와서 보라 그러므로 그들이 가서 계신 데를 보고 그 날 함께 거하니 때가 열 시쯤 되었더라**(요 1:39).

아침에 이들이 예수님의 삶의 현장에 갔습니다. 그리고 열 시, 지금 시간으로 오후 네 시까지 예수님께서 어떻게 사시는지 그 삶의 현장에서 예수님께 질문했을 때, 예수님께서 어떻게 답변하시는지 세세하게 자기들의 눈으로 다 확인했습니다. 40절입니다.

── **요한의 말을 듣고 예수를 따르는 두 사람 중의 하나는 시몬 베드로의 형제 안드레라**(요 1:40).

바로 이 예수님의 삶의 터전까지 따라갔던 두 사람 중의 한 사람이 그 유명한 베드로의 형제 안드레라는 것입니다. 41절입니다.

── **그가 먼저 자기의 형제 시몬을 찾아 말하되 우리가 메시야를 만났다 하고 (메시야는 번역하면 그리스도라)** (요 1:41).

안드레가 그날 오후 네 시까지, 온종일 예수님의 삶의 현장에서 예수님의 메시아 되심을 확인하는 즉시 가장 먼저 한 일이 집으로 뛰어간 것입니다. 그리고 자기 형제 시몬, 즉 베드로를 찾아서 '우리가 메시아를 만났다'라고 합니다. 이미 메시아시라는 것을 확인한 것입니다. 확인이 끝났습니다. 그리고 가서 자기 형제 베드로에게 '이거 봐. 나 메시아 만났어' 합니다. 왜 그랬습니까? 자랑하려고 그럽니까? 42절입니다.

── **데리고 예수께로 오니 예수께서 보시고 이르시되 네가 요한의 아들 시몬이니 장차 게바라 하리라 하시니라 (게바는 번역하면 베드로라)** (요 1:42).

안드레가 가장 먼저 한 일이 베드로에게 가서 '내가 메시아 만났어!'라고 말한 것입니다. 유대인이라면 모두 메시아를 열망하고 있었습니다. 그러고는 자기 형제의 손을 잡고 예수님께로 인도해 갔습니다. 메시아를 만나고 안드레가 가장 먼저 한 일은 형제를 메시아 앞으로 데리고 가는 것이었습니다. 여러분, 이게 쉽겠습니까? 우리라면 어떻게 하겠습니까? 내 스승이, '저분이 메시아'라고 선포했습니다. 내가 믿는 스승입니다. 그 스승의 말을 듣고 그분을 따라갔습니다. 그리고 그분의 삶의 터전에서 그분이 메시아라는 것을 내 눈으로 확인했습니다. 우리라면, 아니 저라면 제일 먼저 저 자신부터 생각할 것입니다. 예수님 옷자락 붙잡고 '주님, 저 지금부터 주님 따르겠습니다. 저 버리지 마시고 끝까지 저를 사용해 주십시오'라고 할 것입니다.

이 안드레는 메시아를 만나자마자 가장 먼저 생각한 것이 자기 형제였습니다. 그 형제가 어떤 형제입니까? 여러분, 예수님께서는 단 한 번도 베드로를 수제자라고 말한 적이 없는데 세상 사람들은 베드로를 수제자라고 부르지 않습니까? 왜 그럽니까? 성경을 우리가 가만히 읽어 보면 베드로가 제일 열정적인 인간입니다. 안 끼는 데가 없습니다. 베드로만 있으면 다른 사람들은 다 죽습니다. 안드레는 그 베드로하고 형제입니다. 그동안 살아오면서 베드로 때문에 자기는 늘 치이는 삶을 살았을 것입니다.

자기 혼자 예수님 따라가면 내가 예수님 1번 제자로 빛을 볼수 있습니다. 내가 세상에서 제일 잘 아는 내 형제, 누구보다도 앞장서고 자기가 우두머리하려고 그러고, 모든 일에 다 간섭해야 되는 베드로를 데려가면 자기는 밀려나는 거 압니다. 그거 알면서 베드로 데리고 갔습니다. 여러분, 이 안드레가 만약 자기 형제를 데리고 가지 않았더라면 성경을 통해서 우리가 만날 수 있는 베드로, 예수님 제자 베드로는 이 세상에 존재하지 않습니다.

제가 예전에 주님의교회를 목회할 때, 그때 함께 신앙생활하시던 분이 저하고 연배가 비슷한데, 어느 날 성경공부 하면서 지난 얘기들을 나누다가 그분이 군대 얘기를 했습니다. 군에 있을 때 그분은 예수 믿는 분이 아니었습니다. 주님의교회에 발을 들여놓을 때까지 그분은 단 한 번도 예수의 '예' 자도 생각해 본 적이 없는 분이십니다. 그런데 군에 있을 때 그분이 근무하던 부대 사령관이 예수를 믿는 분이어서 부활절, 성탄절 같은 교회 절기가 되면 사령관이 예수 믿는 사병들은 훈련을 면해 줬다고 합니다. 교회에서 무슨 잔치가 있으면 교회 가도록 허락을 해줬답니다. 그래서 절기가 되어 '예수 믿는 사람 나와' 그러면 자기도 나간 겁니다. 훈련 안 받으려고 그랬더니 조교가 테스트를 하는 겁니다. 진짜 예수 믿는 사람인지 가짜인지. 그리고 이 사람 차례가 되니까 조교가 '너 진짜 맞아?' 해서 '저 진짜 맞아요' 그랬답니다. '예수 제자 이름 하나 대봐' 그래서 자신 있게 '베드로!' 이랬답니다. 보십시오. 예수 안 믿는 사람도 베드로 다 압니다. 그런데 예수 믿는 사람도 그 베드로를 인도한 사람이 안드레라는 사실은 모릅니다. 안드레 때문에 베드로가 존재할 수 있었습니다.

안드레의 오병이어

두 번째 케이스입니다. 성경에 보면 예수님께서 이 땅에 계시는 그 공생애 3년 기간 동안에 수많은 이적을 베푸셨습니다. 그런데 예수님께서 베푸신 이적이 사복음서에 모두 다 기록되어 있지는 않습니다. 어떤 이적은 마태복음에는 기록되어 있는데 나머지 복음서에는 빠져 있고, 어떤 이적은 누가복음, 요한복음에는 기록되어 있는데, 마가, 마태는 빠져 있는 식입니다.

예수님께서 3년 계시면서 베푸셨던 많은 이적 가운데에 사복음서에 다 기록되어 있는 이적은 오병이어 이적이 유일합니다. 그만큼 오병이어 이적이 중요하고 예수 믿는 사람들에게 던져 주는 메시지가 크기 때문입니다. 그 오병이어는 이렇게 시작됩니다.

예수님께서 어느 날 빈 들, 벳세다 빈 들에 가셨을 때, 예수님께서 그 빈 들에 나타나셨다는 소문이 삽시간에 퍼졌습니다. 그랬더니 원근각처 사방에서 사람들이 모여들었습니다. 나중에 사람을 세니까 그 자리에 있었던 사람이 남자 가장만 오천 명 아니었습니까? 그러니까 그 남자가 아이 한 명이나 아내나, 한 명씩만 대동하고 왔다고 해도 만 명이 모인 겁니다. 엄청난 인파입니다. 그런데 그들이 계속 예수님 앞에 가서 '나 여기 아픈데 좀 고쳐 주세요' 하고 줄을 잇습니다. 지금 해가 저물어 가는데 사람들이 돌아갈 생각을 안 하는 겁니다. 마태복음 14장 15절에서 16절입니다.

—— **저녁이 되매 제자들이 나아와 이르되 이곳은 빈 들이요 때도 이미 저물었으니 무리를 보내어 마을에 들어가 먹을 것을 사 먹게 하소서 예수께서 이르시되 갈 것 없다 너희가 먹을 것을 주라**(마 14:15-16).

지금 땅거미가 지기 시작한다 말입니다. 그러니까 제자들이 예수님께 나와서 '예수님, 이미 해가 져 가는데 이 사람들 이렇게 하다가 다들 저녁 굶습니다. 그러니까 지금 인근 마을로 다 보내어서 이 사람들 저녁밥 사 먹게 하시는 게 좋지 않겠습니까?' 합니다. 굉장히 인도적(人道的)인 이야기 같습니다. 여러분, 그 시대상황을 생각해 보십시다. 지금 이 빈 들에 만 명이 있는데 그들이 처해 있는 그 지방은 갈릴리 빈민 지역입니다. 그 만 명이 마을에 가서 동시에 밥 사 먹을 식당이 있겠습니까? 없습니다. 갈릴리 그 가난한 마을들에는 식당이라는 게 없습니다. 설령 만 명을 수용할 수 있는 식당이 있다 할지라도, 하루 벌어 하루 먹는 그 사람들 주머니에 밥 사 먹을 돈이 있겠습니까? 없습니다. 제자들도 뻔히 아는 겁니다. 그런데 말은 이렇게 미사여구로 했습니다. 자기네들이 귀찮은 겁니다. 빨리 파장하고 집에 가고 싶은 겁니다. '예수님, 이 사람들 마을에 보내서 식당에서 사

먹게 하죠.' 예수님께서 그 속을 꿰뚫어 보시지 않겠습니까? 그랬더니 예수님께서 '갈 것 없다. 너희들이 먹을 것 줘' 하십니다. 명령입니다. '너희들이 먹을 것 줘.' 요한복음 6장 7절입니다.

—— **빌립이 대답하되 각 사람으로 조금씩 받게 할지라도 이백 데나리온의 떡이 부족하리이다**(요 6:7).

이다음 사례에서도 보시겠습니다마는 예수님의 제자 중에서 빌립이 참 계산이 빨랐던 사람 같습니다. 예수님께서 '너희들이 줘라' 그러니까 '너희들이 어디 가서 사다가 이 사람 줘라'라는 말로 알아듣고 빌립이 금방 머리로 계산한 겁니다. '이 많은 사람들에게 빵을 조금씩만 줘도 200데나리온도 부족할 거다.' 여러분, 아시잖습니까. 1데나리온은 근로자 한 사람의 하루분 임금 아닙니까? 그런데 빌립이 왜 300데나리온도 아니고, 100데나리온도 아니고, 200데나리온이라 했겠습니까? 유대인들은 안식일을 포함해서 유월절, 초막절 같은 절기가 많고 일하지 않는 날이 많습니다. 그러니까 그걸 다 빼면 1년에 임금을 받고 일을 하는 날짜는 한 200일 되는 겁니다. 그러니까 200데나리온 하면, 이걸 요즘 말로 이해하기 쉽게 바꾸어서 표현하면 '한 사람 1년 연봉을 다 쏟아 부어도 안 됩니다' 이 말입니다. 8절, 9절입니다.

──── 제자 중 하나 곧 시몬 베드로의 형제 안드레가 예수께 여짜오되 여기 한 아이가 있어 보리떡 다섯 개와 물고기 두 마리를 가지고 있나이다 그러나 그것이 이 많은 사람에게 얼마나 되겠사옵나이까(요 6:8-9).

다른 모든 제자들은 다 지금 손 놓고 있는 겁니다. 예수님께서 '너희들이 먹을 것을 주라'고 한 것은, 제자들이 볼 때 '예수님이 실수하신 거예요. 그건 불가능한 명령이에요' 이 말입니다. 그런데 예수님께서 너희가 먹을 것을 주라고 하셨기 때문에 제자들 중에서 안드레만 '혹시 이 사람들 가운데에 누군가 먹을 것을 지니고 있는 사람이 있을까?' 해서 만 명을 헤집고 다녔습니다. 그 인파를 헤집고 다니면서 음식을 가지고 있는 한 명, 유일한 소년 한 명을 발견했습니다. 그 소년에게는 보리떡 다섯 개와 물고기 두 마리가 있었습니다. 여러분, 성경에 떡이라고 번역된 것은 다 적절한 번역이 아닙니다. 우리나라에서 떡은 주식이 아니고 간식 아닙니까?

성경에서 떡이라고 번역된 헬라어 '아르토스'(ἄρτος)는 다 '빵'입니다. 모두 주식인 겁니다. 예수님께서 최후의 만찬 때에 '떡을 가지사 하늘을 우러러 축사하시고'는 떡이 아닙니다. 빵입니다. 주식으로 하신 겁니다. 이 어린아이가 보리빵 다섯 개와 물고기 두 마리를 가지고 있는데 안드레가 봐도 이거 참 한심한 겁니다. 그래도 예수님께 가져는 왔습니다. '주님, 이게 이 사람들 사이에서 제가 찾을 수 있는 음식 모두인데 이 적은 음식이 도대체 이 많은 사람들에게 무슨 소용이 있겠습니까?' 자기도 소용이 없다고 생각되지만 빌립과는 달리 안드레는 순종하고 찾아왔습니다.

요즘도 그런지 모르겠습니다마는 예전에 통합교단 주일공과에 이 오병이어 과의 삽화를 보면 소년이 예수님 앞에 보리빵 큰 것 다섯 개하고, 생선도 팔뚝만 한 것 두 마리를 가지고 나오는 그림이 그려져 있었습니다. 그러니까 보리빵 다섯 개, 물고기 두 마리 하니까 대단히 크게 보입니다. 그런데 이 오병이어와 똑같은 형태의 칠병이어를 증언해 주는 마태복음 15장 34절에 '물고기'라는 단어가 지소사로 기록되어 있습니다.

본래 물고기라고 하는 헬라어 단어는 '익투스'(ἰχθύς)인데 마태복음 본문에는 '이크디디온'(ἰχθύδιον)이라고 기록되어 있습니다. '이크디디온'은 '익투스', 물고기의 지소사입니다. '지소사'라고 하는 것은 모양은 같은데 크기는 작은 것을 의미합니다. 비올라라는 악기가 있습니다. 그런데 비올라와 모양은 같은데 그보다 작게 만든 것이 바이올린입니다. 그러니까 바이올린은 비올라의 지소사가 되는 겁니다. 송아지는 소의 지소사, 망아지는 말의 지소사입니다. 그러니까 흔히 우리가 그림에서 보듯이 이 어린아이가 큼직한 빵 다섯 개하고 생선 두 마리를 자루에 넣고 있는 게 아닙니다. 이 가난한 갈릴리 빈민촌에서 아이가 아침에 놀러 나가면 밤에 들어옵니다. 우리 다 어릴 때 그러지 않았습니까? 아침에 나가면 밤중에 집에 들어가고 그랬습니다. 그러니까 이 아이가 낮 동안에 배고플 때 먹으라고 엄마가 보리 빵 다섯 조각하고 물고기 두 토막 작게 싸준 겁니다. 그걸 안드레가 찾아 낸 겁니다.

그것을 예수님께서 받으시고 누가복음 9장을 보면 제자들에게 명하셔서 '만 명을 오십 명씩 그룹 지어서 다들 나누어서 앉게 해라' 이러십니다. 여러분, 만 명을 오십 명씩 그룹을 지어서 앉게 하면 이백 그룹이 됩니다. 그때 마이크가 있었겠습니까? 마이크로폰이 있겠습니까? 만 명을 오십 명씩 이백 그룹으로 나누는 데만도 엄청난 시간이 걸렸을 텐데 제자들이 보건대 예수님이 건네받은 것은 빵 다섯 쪼가리하고 물고기 두 토막밖에 없습니다. 그런데 예수님께서 너희들 오십 명씩 따로따로 앉게 하라고 하셨습니다.

다른 제자들은 건성건성 했을 것입니다. 왜입니까? 지금 예수님께서 말도 안 되는 일을 하고 계시니 그렇습니다. 안드레가 제일 성심껏 사람들 사이를 다니면서 오십 명, 오십 명, 오십 명 앉혔을 것입니다. 그들이 다 오십 명씩 이백 그룹이 앉고 난 다음에, 예수님께서 어린아이에게 건네받은 빵 다섯 조각과 물고기 두 토막을 하늘을 우러러 축사하시고 떼기 시작하시는데 그 빈 들에 있는 무리가 다 먹었습니다. 그리고 열두 광주리가 남지 않습니까? 여러분, 지난 2,000년 동안에 이 오병이어의 기사를 보면서 얼마나 많은 그리스도인들이, 동서고금의 그리스도인들이 소망을 얻고 위로를 얻었겠습니까? 저도 이 오병이어를 보고 위로를 받은 적이 한두 번이 아닙니다.

'내 능력은 좁쌀만 할지라도 주님께서 나와 함께하시면, 주님의 은혜가 임하면, 오병이어의 은혜로 주님께서 함께해 주시면, 내 능력으로는 이룰 수 없는 일을 주께서 이루어 주실 것이다.' 그런 은혜를 누린 적이 한두 번이 아닙니다. 여러분, 다 저런 경험이 있으실 겁니다. '내 주머니에 십 원짜리 하나밖에 없어도 주님께서 함께하시면 이십 원으로 넉넉하게 지금 내 눈앞에 있는 이 문제의 언덕을 넘게 해주시라.' 그리고 오병이어 은혜로 그 언덕을 넘은 적이 한두 번이 아닐 겁니다.

얼마나 그 오병이어의 역사가 중요하면 사복음서에 다 기록된 유일한 이적이겠습니까? 그 오병이어의 이적은 안드레가 없었으면 이루어지지 않았습니다. 안드레가 없었다면 오병이어를 전해 주는 복음서를 통해서, 우리가 실의에 찼을 때, 절망에 찼을 때, 주님의 위로를, 소망을 우리는 얻지 못했을 것입니다. 그 중요한 오병이어가 안드레로 인해서 이루어졌는데 안드레로 인해서 그 오병이어가 이루어졌다는 것을 알고 감사하는 그리스도인들은 많지 않습니다.

빛도 나지 않는 봉사

세 번째 사례입니다. 요한복음 12장 20절에서 21절입니다.

—— 명절에 예배하러 올라온 사람 중에 헬라인 몇이 있는데 그들이 갈릴리 벳새다 사람 빌립에게 가서 청하여 이르되 선생이여 우리가 예수를 뵈옵고자 하나이다 하니(요 12:20-21).

절기를 맞아서 많은 사람들이 예루살렘 성전을 찾아서 예루살렘으로 몰려오는데 그들 중에 이방인인 헬라인 몇 명이 예루살렘으로 와서 예수를 만나기를 원했습니다. 이방인이지만 예수님이 메시아 되심을 알고 예수님을 직접 만나 뵙고 말씀을 듣기를 원했던 것입니다.

그런데 예수님을 만날 길이 없기 때문에 제자 중에 한 사람을 찾아가서 청탁을 넣었는데 누구를 찾아갔습니까? 빌립을 찾아갔습니다. 계산이 빠른 빌립은 평소에 청탁도 많이 받아 준 것 같습니다. 이 빌립이 머리가 잘 돌고 계산이 빠르지 않습니까. 유대인들은 이방인들을 인간으로 보지 않았습니다. 짐승보다도 못한 존재로 봤습니다. 탈무드에 보면 이런 대화가 나옵니다. 랍비에게 유대인이 묻습니다. '짐승보다도 못한 저 이방인들을 왜 하나님께서 이 땅에 살게 하시나요?' 랍비 대답이 이렇습니다.

'지옥의 땔감으로 사용하시려고.'

그러니까 이방인들은 인간이 아니고 지옥의 땔감이니까 그 이방인들하고 교제하거나 만나거나 한 공간에 앉거나 같이 음식을 나누면, 이건 출교의 이유가 되지 않겠습니까? 지금 이 이방인들이 빌립을 찾아와서 예수님 좀 만나게 해달라고 청탁을 넣는데 빌립이 머리가 확 돌아가서, 지금 계산이 되는 겁니다. 이 사람들을 예수님께 데리고 갔을 때 이 지옥의 땔감을 왜 데리고 왔느냐고 예수님이 호통을 치실는지, 아니면 만나 주실는지 모르겠는 겁니다. 만약에 이 이방인들을 데리고 예수님께 갔을 때, 예수님께로부터 칭찬받으리라고 생각했더라면 빌립이 자기가 앞장서서 갔을 겁니다. 그래서 머리 잘 돌아가는 빌립이 어떻게 했습니까? 22절입니다.

─── **빌립이 안드레에게 가서 말하고**(요 12:22 상).

'야, 안드레야. 저 지옥의 땔감들 왔는데, 저 지옥의 땔감들이 주님을 좀 만나자고 그러는데, 네가 앞장서라.' 이거 무슨 말입니까? 안드레는 욕을 먹어도 비난을 받아도 야단을 들어도 해야 될 일이면 하는 사람이었습니다. 빌립이 그걸 아는 겁니다. '네가 이 지옥의 땔감들 예수님 앞으로 좀 데리고 가라.' 결과가 어떻게 될는지 궁금합니다.

───── 빌립이 안드레에게 가서 말하고 안드레와 빌립이 예수께 가서 여쭈니(요 12:22).

빌립은 안드레를 앞장세우고 자기는 뒤따라갑니다. 안드레가 있었기 때문에 최초의 이방인이 예수 그리스도를 만나서 구원을 얻습니다. 여러분, 이 세 가지 사례들을 보십시오. 위대한 베드로가 안드레로 인해서 존재할 수 있었습니다. 사복음서에다 기록되어 있는 주님의 가장 중요한 오병이어의 역사가 안드레의 순종으로 가능해졌습니다. 최초의 이방인이 이 안드레가 있음으로 인해 주님을 만나서 구원을 얻습니다. 안드레가 한 일은 전혀 빛나는 일이 아닙니다. 어떻게 보면 욕 들을 수 있는 일입니다.

예수님께서 너희가 먹을 것을 주라고 말씀하시는데 만 명을 헤집고 다니면서 겨우 찾아온 것이 빵 다섯 조각에 물고기 두 토막입니다. '야, 너 그게 지금 먹을 거라고 찾아왔냐?' 야단 들을 수도 있는 일입니다. 그러나 안드레는 빛도 없이 이름도 없이 해야 할 일을 묵묵하게 섬기며 행하는 사람이었습니다.

그 안드레로 인해서 기독교 2,000년 역사상 가장 중요한 획이 세 개나 그어집니다. 보이지 않는 곳에서 안드레가 이렇게 순종하고 섬김의 삶을 살았다는 것을 요한 사도만 보고 요한복음에만 기록했습니다. 중요한 사실입니다. 마태복음에 안드레의 이 봉사가 나와 있지 않습니다. 마태, 마가, 누가복음에서 제자들의 이름을 열거할 때 안드레 이름은 끼여 있을 뿐입니다. 안드레가 이처럼 중요한 봉사를, 빛도 나지 않는 봉사를 행했다는 것은 요한복음에만 기록되어 있습니다. 어떻게 요한 사도만 안드레를 보고 요한복음서에 기록할 수 있었겠습니까?

예수님께서 십자가에 못 박혀서 이제 운명하시기 전입니다. 바로 자기 눈앞에 당신이 사랑하시는 제자 요한이 있습니다. 요한은 요한복음을 기록하면서 자기 자신을 '예수가 사랑하는 제자'라고 기록했습니다. 그만큼 예수님께서 자기를 사랑하셨다는 데 대해서 자부심을 갖고 있었습니다. 요한이 있고, 자기 생모 마리아가 보였습니다. 그 상황을 요한복음 19장 26절에서 27절이 이렇게 증언합니다.

—— **예수께서 자기의 어머니와 사랑하시는 제자가 곁에 서 있는 것을 보시고 자기 어머니께 말씀하시되 여자여 보소서 아들이니이다 하시고 또 그 제자에게 이르시되 보라 네 어머니라 하신대 그 때부터 그 제자가 자기 집에 모시니라**(요 19:26-27).

예수님께서 자기의 사랑하는 제자 요한을 보고 운명하시기 전에 턱으로 자기 어머니를 가리키면서 '요한아, 네 어머니다' 하고 말씀하십니다. 요한하고 예수님은 생모 마리아로부터 같이 태어난 형제가 아닙니다. 스승과 제자입니다. 그런데 '요한아, 네 어머니다'라는 말을 요한은 알아들었습니다. '아, 선생님이 당신의 생모를 나에게 맡기신다고 지금 유언을 하시는구나.' 그날로부터 요한은 마리아를 자기 집에 모셨습니다.

전승에 의하면, 이 이후로 마리아는 40년을 살았습니다. 요한이 20대에 예수님의 부르심을 받아서 3년 동안 예수님을 모시다가 예수님께서 부활 승천해 가셨으면 이제 서른 살이 가깝지 않습니까? 그런데 그 요한에게 예수님께서 주신 지상 최후의 명령이 무엇입니까? '너한테 내 어머니 부탁한다.' 그것이 주님의 마지막 명령입니다. 그래서 이 요한은 자기에게 맡겨진 예수님의 생모 마리아, 이 할머니에게 밥해 주고, 빨래해 주고, 섬기는 것으로 자기 인생을 보내었습니다.

여러분, 그 기간에 예수님 제자였던 다른 제자들은 지금 초대 교회의 영웅이 됩니다. 가는 곳마다 '우리 사도님, 사도님' 하고 사람들이 무리를 지어 따릅니다. 그런데 요한이 하는 일은 이 할머니 봉양하는 일입니다. 그 봉양하는 일로 40년의 세월이 흘러갑니다. 속상했을 겁니다. 때로는 그 일에서 벗어나고 싶을 때도 있었을 겁니다. 그러나 그렇게 하지 않았습니다. 왜입니까? 주님의 명령이고 주님께서 보고 계심을 알았기 때문입니다. 바로 그 요한의 눈에 안드레가 보인 것입니다. 가장 궂은일을 하는 요한이었기에 이름도 없이 빛도 없이 봉사하는 안드레가 보였던 것입니다. 아니, 더 정확하게 설명하면 안드레를 보고 듣고 계시는 하나님께서 안드레의 그 섬김과 봉사를 다 보시고, 요한을 도구 삼아 그의 그 소리 없는 봉사를 당신의 말씀인 요한복음에 낱낱이 기록한 것입니다. 오늘 본문을 다시 읽습니다.

—— **백성 중의 어리석은 자들아 너희는 생각하라 무지한 자들아 너희가 언제나 지혜로울까 귀를 지으신 이가 듣지 아니하시랴 눈을 만드신 이가 보지 아니하시랴**(시 94:8-9).

여러분, 요한이 '귀를 지으신 이가 듣지 아니하시고 눈을 지으신 이가 보지 아니하시겠냐'라는 그 하나님을 믿지 않았더라면 40년 동안 할머니 봉양하지 못하고, 안드레가 자기가 치일 것 뻔히 알면서 자기 형제 베드로를 주님 앞으로 인도해 내지 못하고, 오병이어 역사의 초석을 깔지 못하고, 이방인을 주님 앞에 데리고 가지 못합니다. 오직 듣고 계시고 보고 계시는 주님에 대해서 깨어 있었기 때문에 그들이 진정한 섬김의 사람, 밑가지들이 될 수 있었던 것입니다.

요한복음 15장에 예수님께서 이렇게 말씀하시지 않습니까? '내 아버지는 농부시고 나는 포도나무고 너희들은 가지다. 너희가 내 안에 있으면 열매를 많이 맺고 나를 떠나면 버리어져서 불살라질 것이다.' 그 요한복음 15장을 흔히 교회론에 비유한다고 했습니다. 포도나무를 비롯해서 하나님이 만드신 모든 나무는 공통적인 원칙을 가지고 있습니다. 여기 나무줄기가 있는데 그 나무줄기에서 가지가 나왔다고 하십시다. 첫 번째 가지가 나옵니다. 그다음에 두 번째 가지가 나옵니다. 두 번째 가지의 위치가 어디에 자리를 잡습니까? 첫 번째 가지 위입니까, 아래입니까? 첫 번째 가지 위로 올라갑니다. 세 번째 가지는 그 위입니다. 언제든지 나무는 가장 마지막 가지가 제일 윗자리를 차지합니다. 가장 오래된 가지는 보이지 않게 밑에서 밑가지로 그들을 떠받쳐 줍니다. 그리스도인으로 섬긴다, 교회를 이루어 간다는 것은 무엇입니까? 오래된 교인들, 내가 더 크다고 생각되는 교인들, 강한 교인들이 밑가지가 되는 것입니다. 그래서 누구든지 와서 윗가지로 마음껏 봉사하도록 보이지 않게 내가 받쳐 주는 것입니다.

예수님께서 이 땅에 오셔서 제자들의 발을 씻겨 주셨습니다. 내가 밑가지가 될 때 무릎을 꿇고 제자들의 발을 씻겨 주신 그 주님께서 그 밑가지를 통해서 역사하십니다. 예수님께서 성자 하나님이신데 이 땅에 오셔서 당신을 제물 삼아서 우리의 죗값을 대신 치러 주셨다는 것 자체가 우리의 생명을 위한 밑가지가 되신 것입니다. 우리 모두가 안드레처럼 밑가지가 될 때, 그때 주님께서 우리를 통해서 역사하시게 되는 것입니다. 그것은 단 하나, 눈을 지으신 이가 보고 계시고 귀를 지으신 이가 듣고 계심에 대해서 깨어 있을 때에만 가능합니다. 주님께서 마태복음 6장 1절에서 4절을 통해 이렇게 말씀하셨습니다. 우리가 잘 아는 구절입니다.

—— 사람에게 보이려고 그들 앞에서 너희 의를 행하지 않도록 주의하라 그리하지 아니하면 하늘에 계신 너희 아버지께 상을 받지 못하느니라 그러므로 구제할 때에 외식하는 자가 사람에게서 영광을 받으려고 회당과 거리에서 하는 것 같이 너희 앞에 나팔을 불지 말라 진실로 너희에게 이르노니 그들은 자기 상을 이미 받았느니라 너는 구제할 때에 오른손이 하는 것을 왼손이 모르게 하여 네 구제함을 은밀하게 하라 은밀한 중에 보시는 너의 아버지께서 갚으시리라(마 6:1-4).

봉사를 하는데 봉사를 하고 나서 반드시 스포트라이트가 있어야 됩니다. 사람들의 박수갈채가 있어야 합니다. 주님께서는 그런 우리를 가리켜서 '너희들 나팔을 불지 말라'고 그럽니다. 내가 왜 나팔을 붑니까? 주님께서 이미 보신 것을 내가 인식하지 못하기 때문입니다. 주님 보시면 누가 보든 보지 않든 상관없습니다.

김화수 목사님께서 기억하실는지 모르겠습니다마는 우리가 강남 YMCA 앞쪽, 옛날 수협 건물 1, 2층을 빌려서 거기에 사무실에 있을 때 1층 화장실이 그 오른쪽, 안쪽에 있었습니다. 새벽

기도회가 끝나면 아무도 모르게 그 화장실의 타올을 가는 교인이 있었습니다. 제가 교역자 회의 시간에 말했습니다. '누구누구가 새벽기도회 끝나면 타올을 간다. 그분은 내가 당신을 본 것을 모르신다. 여러분들 새벽기도 끝난 다음에 절대로 화장실 가지 마라. 그분이 은밀하게 하시도록 끝까지 지켜 드리자.'

여러분, 예전에 주님의교회가 이런 강당도 없고, YMCA 예식장 빌려서 예배드리고, 정신여고 중강당 빌려서 예배드릴 때에 많은 사람들이 주님의교회를 들여다보고 많은 신학생들이 주님의교회를 본받으려고 했던 이유가 뭐겠습니까? 사람을 의식하지 않고 주님만 생각하는 봉사자들이 교회를 이룰 때 성령께서 얼마나 아름답게 역사하는지를 그들이 눈으로 보고 확인했기 때문입니다.

안드레가 많은 교회

바울이 2년 동안 가이사랴 감옥에 갇혀 있을 때입니다. 총독 벨릭스가 바울이라는 사람이 갇혀 있다는 것을 알고 그 바울을 불러냅니다. 그리고 이렇게 질문합니다. '너, 그리스도 그리스도 하는데 그리스도 믿는 요체가 뭔지 나한테 간단하게 설명을 한 번 해봐라.' 그랬더니 바울이 이렇게 대답합니다. 사도행전 24장

25절입니다.

── **바울이 의와 절제와 장차 오는 심판을 강론하니**(행 24:25 상).

바울이 세 단어를 대답했습니다. '예수 믿는 요체는 첫째 의, 둘째 절제, 셋째 심판입니다.' 정확합니다. 이 세 단어가 기독교 신앙의 핵심입니다. 성경에서 의는 하나님과 바른 관계를 맺는 것 아닙니까? 내가 예수 그리스도 안에서 의롭다 인정함을 받은 그리스도인으로 살아간다는 것은 하나님과 바른 관계 속에서 살아가는 겁니다. 하나님과 바른 관계를 유지하기 위해서는 절제할 걸 절제해야 됩니다. '절제'라는 이 번역이 적절하지 않습니다. 절제라는 것은 좀 줄여 하라는 거 아닙니까? 매일 술독에 빠져 있는 아들에게 엄마가 '야, 너 술 좀 절제해' 그러면 끊으라는 얘기가 아니라 조금 줄여서 마시라는 얘기입니다. 그런데 헬라어 '엥크라테이아'(ἐγκράτεια)는 절제가 아니라 칼로 무를 자르듯이 잘라 버리는 겁니다. 영어로 'put aside', 제쳐 버리라는 겁니다. 내가 하나님과 바른 관계를 맺고 살아가려면 세상에서 내가 무를 칼로 자르듯이 버릴 걸 버리지 않으면 안 됩니다. 그리고 마지막에 하나님의 심판을 믿어야 합니다. 하나님의 심판이 뭡니까? 믿지 않는 자에게는 영원한 멸망이지만 믿는 자에게는 마태복음 25장 달란트 비유처럼 하나님의 셈하심입니다.

여러분, 한 몇 년 정도 교회 다니고 신앙생활하면 기독교 요체는 의, 절제, 심판이라는 거 다 압니다. 그럼에도 불구하고 하나님과 바른 관계를 맺고 그 바른 관계를 맺기 위해서 잘라야 될 걸 잘라 버리는 '엥크라테이아'의 삶을 사는 사람들은 드뭅니다. 왜 그렇습니까? 기독교 요체는 의, 절제, 심판이지만 믿음의 진행, 진전은 역순으로 된다는 것을 모르기 때문입니다. 여러분, 누가 '엥크라테이아' 할 수 있습니까? 심판을 믿는 사람만 가능합니다.

이것은 학교에서 학생들이 시험 치는 경우와 똑같습니다. 제가 선생이라고 하십시다. 학생들에게 얘기합니다. 기말고사 중간고사는 다 연초부터 그 날짜가 정해져 있는데 제가 갑자기 '자, 여러분, 다음 월요일 날 내가 시험 치르게 하겠습니다. 준비하세요.' 말하고 시험을 공고합니다. 선생님께서 시험 친다고 하는 그 말을 믿는 학생이거나 시험을 무겁게 받아들이는 학생은 그날부터 하고 싶은 전자게임을 '엥크라테이아' 할 겁니다. 결과적으로 학생으로서 바른 관계를 스스로 세워 갈 것입니다. 그러나 선생님이 다음 월요일 날 시험 친다고 했는데 '설마 중간고사 되기도 전에 다음 월요일에 시험 칠까'라고 선생 말을 믿지 않거나, 시험 친다는 것은 의심하지 않아도 시험을 가볍게 여겨서 '아휴, 뭐 시험 한 번 버리면 어때' 그런 학생은 자기 놀 것 다 놀고 먹고 싶은 거 다 먹고 시간 다 허비하면서 지낼 것입니다. 결과가 어떨 것인지는 뻔합니다.

그리스도인이 '엥크라테이아'를 못하고 바른 섬김을 못하는 것은 제일 먼저 하나님의 심판을 믿지 못하기 때문입니다. 믿음은 하나님의 심판으로부터 시작합니다. 심판이 무엇입니까? '눈을 지으신 이가 보지 못하겠느냐? 귀를 지으신 이가 듣지 못하겠느냐?' 그것입니다. 그 하나님을 믿으면 내가 지금 '엥크라테이아' 하고 걸어가야 할 섬김의 길을, 그 섬김의 대상이 가족이든 교인이든 사회이든 내가 걸어가야 할 섬김의 길을 걸어갈 수 있습니다. 그래서 결과적으로 하나님과 바른 관계를 맺어 갈 수 있는 것입니다.

사랑하는 교우 여러분, 좋은 교회가 어떤 교회이겠습니까? 건물이 큰 교회, 출석 교인이 많은 교회, 천문학적인 액수의 헌금이 나오는 교회가 아닙니다. 좋은 교회는 안드레가 많은 교회입니다. 안드레는 눈을 지으신 이가 보고 계시고 귀를 지으신 이가 듣고 계시고 그 하나님이 셈하신다는 것을 믿는 사람입니다. 그 안드레가 있는 교회가 소리 없이 빛도 없이, 사람이 보이지 않는 곳에서도, 하기 싫을 때에도, 자기가 행할 일을 함으로 주님의 몸 된 교회를 바르게 이루어 갈 수 있습니다.

사랑하는 주님의교회 모든 교우들께서 보고 계시고 듣고 계시는 그 하나님에 대해 깨어 있으심으로 이 시대의 안드레들이 되시기를 바랍니다. 여러분들의 모임인 주님의 교회가 여러분들로 인해 명목상의 주님의교회가 아니라 명실상부한 주님의 교회가 될 것이고, 바로 여러분들로 인해 세상으로부터 신뢰를 상실한 이 땅의 교회가 주님의 교회로 회복되는 역사가 일어나게 될 것입니다. 기도하시겠습니다.

하나님, 봉사하지 않는 것이 아니었습니다.
누구보다 열심히 봉사했습니다.
그와 동시에 늘 사람들의 박수갈채와 스포트라이트를 갈망했습니다.
주님, 그래서 그 모든 것이 하나님을 위한 섬김이나 봉사가 아니라 결국 나 자신을 과시하기 위함이었음을 이 밤에 깨닫게 해주셔서 진심으로 감사합니다.
우리에게 눈을 주신 하나님께서 나를 언제나 보고 계시고, 우리에게 귀를 주신 하나님께서 언제나 듣고 계심을 잊지 않게 해주시기를 간구합니다.
머리 숙인 주님의 사랑하는 자녀들이 언제든지 어디에서든지, 안드레로 살아가게 해주십시오.
빛도 없이, 사람들이 보지 않아도 행하여야 할 일이기 때문에 묵묵하게 행하는 안드레가 되게 해주시기를 간구합니다.
그리하여 주님의교회가 주님 오시는 날까지 오직 주님만 주인 되시는 주님의 교회가 되게 해주시고 이 땅에 주님의교회가 있음으로 인해 이 땅의 많은 교회들이 주님의 교회로 소생되는 생명의 역사가 일어나게 도와주시옵소서.

예수님의 이름으로 기도드립니다. 아멘.

말씀, 그리고 사색과 결단 1
인생, 사랑, 섬김에 대하여
Words, Contemplation and Decision I

지은이 이재철
펴낸곳 주식회사 홍성사
펴낸이 정애주
국효숙 김의연 박혜란 송민규 오민택 임영주 차길환

2019. 11. 27. 초판 발행   2025. 8. 18. 5쇄 발행

등록번호 제1-499호 1977. 8. 1.
주소 (04084) 서울시 마포구 양화진4길 3
전화 02) 333-5161   팩스 02) 333-5165
홈페이지 hongsungsa.com   이메일 hsbooks@hongsungsa.com
페이스북 facebook.com/hongsungsa
양화진책방 02) 333-5161

ⓒ 이재철, 2019

• 잘못된 책은 바꿔 드립니다. • 책값은 뒤표지에 있습니다.

ISBN 978-89-365-0363-5 (04230)
ISBN 978-89-365-0559-2 (세트)